Kurt A. Bernecker

**Das liebe Federvieh**

Kurt A. Bernecker

# Das liebe Federvieh

## 23 Vorlagen für Kreuzstich

Otto Maier Ravensburg

CIP-Titelaufnahme der Deutschen Bibliothek

**Bernecker, Kurt A.:**
Das liebe Federvieh: 23 Vorlagen für Kreuzstich /
Kurt A. Bernecker. – Ravensburg: Maier, 1991
ISBN 3-473-42487-0

© 1991 Ravensburger Buchverlag Otto Maier GmbH
Alle Rechte vorbehalten
Umschlaggestaltung: Ekkehard Drechsel
Fotos: Thomas A. Weiss
Musterzeichnungen: Niels Jüppner
Printed in Germany

94  93  92  91    4  3  2  1

ISBN 3-473-42487-0

# Inhalt

# Einführung

Die textilen Handarbeiten haben in den letzten Jahren einen wahren Aufschwung erlebt. Im besonderen das Sticken erfreut sich immer größerer Beliebtheit. Das liegt wohl nicht zuletzt daran, daß der Kreuzstich – die am häufigsten angewendete Stichart – schnell und einfach zu erlernen ist.

Im Auf und Ab der geschichtlichen Entwicklung hat sich die Kreuzstickerei immer behauptet. Spielte sie doch im Brauchtum der verschiedenen Bevölkerungsgruppen eine nicht eben unwichtige Rolle. Der reiche Fundus an überlieferten Motiven und die große Zahl an Mustertüchern, die für die Verbreitung des Kreuzstichs von großer Bedeutung waren, legen Zeugnis davon ab. Stickerinnen und Sticker konnten also schon immer auf eine Fülle der verschiedensten Muster zurückgreifen.

Nach Einführung der matten, einfädig zu verstickenden Baumwollgarne befaßten sich Designerinnen und Designer in zunehmendem Maße mit der Gestaltung neuer Motive. Die farblich fein abgestimmten Ergebnisse ihrer Entwürfe ermutigten sie dazu, sich auch an Mustern zu versuchen, die die realistische Wiedergabe von Dingen und Szenen des täglichen Lebens und der uns umgebenden Natur zum Inhalt haben.

Den Liebhaberinnen und Liebhabern des Kreuzstichs stehen daher Jahr für Jahr viele neue Motive zur Verfügung, die sich entweder gerahmt als dekorativer Wandschmuck oder zur Verzierung von Gebrauchsgegenständen verwenden lassen. Immer stärker treten dabei die Entwürfe für eine ganze Serie von Motiven zu einem bestimmten Themenkreis in den Vordergrund. Die eigenwillige Handschrift des Designers und seine Auffassung des gewählten Themas sind dabei fast ebenso reizvoll wie die einzelnen Muster selbst. Wen wundert es da, daß begeisterte Stickerinnen und Sticker nicht nur nacharbeiten, sondern mit der Zeit auch hervorragende Mustersammlungen zusammentragen.

Der vorliegende Band widmet sich, diesem Trend folgend, einzig und allein dem „lieben Federvieh". Zu diesem speziellen Thema wird eine reiche Auswahl neuer, noch unbekannter Entwürfe vorgestellt. Der Rahmen ist dabei um einiges weiter gespannt, als der Titel vielleicht vermuten läßt. Nicht nur Hühner, Gänse und Enten, wie sie auf jedem Bauernhof schnattern und gackern, scharren und watscheln, sondern auch eine ganze Reihe von noch frei in der Natur vorkommenden Gänse- und Entenarten werden zu farbenprächtigen, detail- und naturgetreuen Stickmotiven.

Viel Spaß also beim Sticken nach der Natur!

# Einfach, doch effektvoll: die Kreuzstickerei

Der Kreuzstich wird je nach verwendetem Material mit einem, zwei oder mehr Fäden des bevorzugten Stickgarns über einen, zwei oder mehr Fäden des gewählten Trägermaterials gestickt. Bei feineren Geweben genügt häufig schon ein Stickfaden, bei gröberen benötigt man mehrere Fäden oder ein dickeres Stickgarn.

Bei dem ausgezählten Kreuzstich sollten nur Gewebe mit gleichmäßigem Fadenverlauf (Kette und Schuß) gewählt werden. Nicht quadratisch gewebte Materialien ergeben eine Verzerrung des gestickten Motivs. Beim Sticken sollten keinesfalls Gewebefäden „angestochen" werden. Zu vermeiden ist außerdem das Anstechen der bereits gestickten Fäden.

Der Kreuzstich wird in aller Regel von links unten nach rechts oben (Unterstich) und dann von rechts unten nach links oben (Deckstich) gemäß Abb. 1 ausgeführt. Der Steppstich, der bei den Vorlagen in diesem Buch häufig eingesetzt wird, wird gemäß Abb. 2 über einen Gewebefaden, unter dem nächsten durch, über den folgenden usw. ausgeführt. Auf dem Rückweg schließt man die Linie, indem man genau umgekehrt stickt.

Vor dem ersten Kreuzstich hält man ein etwa 10 cm langes Stück Stickgarn zurück, das nach einigen Kreuzstichen „vernäht" wird. Früher galt es als wichtig, den Anfang bzw. das Ende des Stickgarns auf der Rückseite entlang des waagerechten oder senkrechten Verlaufs der gestickten Fäden zu verschlingen. Dies war auch relativ einfach, da meist nur in einer Farbe gestickt wurde und die Stickereien kaum in der Waschmaschine gewaschen wurden. Heute ist die Beanspruchung der Gebrauchsstickereien stärker. Ein einfaches Verschlingen der Enden würde langsam zum Auflösen führen. Am besten ist es daher, die Enden unter drei Querfäden durchzuziehen, einmal um den letzten Faden herum- und wieder unter den letzten beiden Fäden durchzuführen. Der Restfaden kann dann ganz kurz abgeschnitten werden. Häufiges Waschen hat gezeigt, daß sich das so vernähte Stickgarn nicht löst.

Beim Sticken sollte man so lange wie möglich in einer Farbe bleiben und erst den Unterstich in Reihe ausführen, bevor man mit dem Deckstich zurückgeht. Natürlich kann man auch jeden Kreuzstich komplett ausführen. Das verbraucht aber wesentlich mehr Stickgarn.

Die Größe des Kreuzstichs ist abhängig von der Anzahl der Fäden des Trägermaterials auf den Zentimeter, d. h., ob man über einen oder zwei oder mehr Fäden stickt. Die Regel ist das Sticken über zwei Fäden. Bei einem Gewebe mit beispielsweise 12 Fäden je Zentimeter kommen beim Sticken über zwei Fäden sechs Kreuze auf den Zentimeter, bei 10 Fäden fünf Kreuze usw. (siehe auch: Materialien).

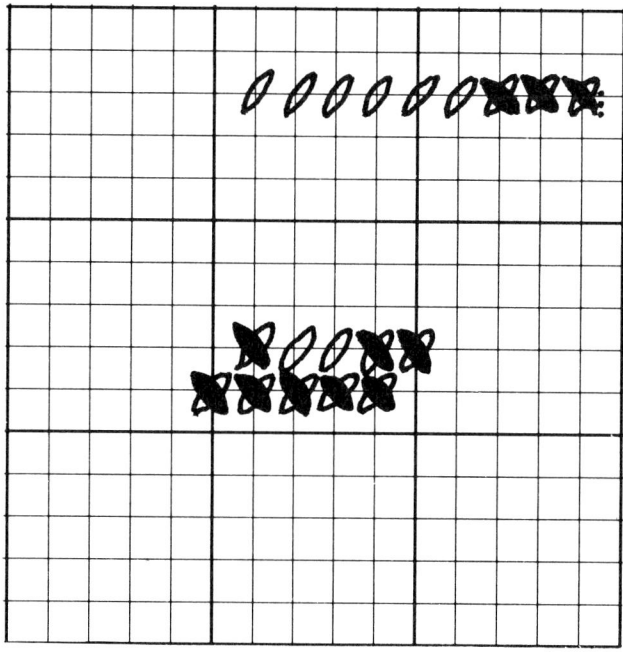

Abb. 1

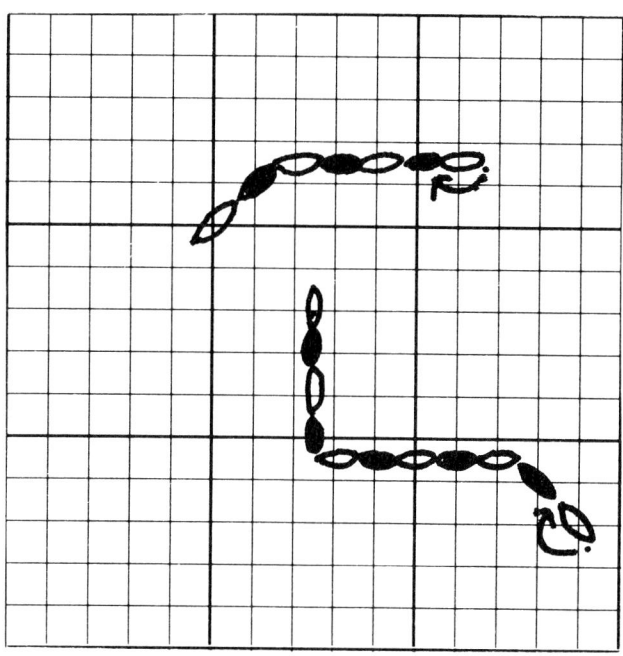

Abb. 2

# Materialien

## Das Stickgarn

Für die Stickentwürfe dieses Buches wurden die HD-Garne von Uhlenhof-Stickereien gewählt. HD-Garn ist ein reines Baumwollgarn, nicht merzerisiert, in matter Färbung und mit sehr guter Zwirnung, die das Sticken sehr erleichtert. Gestickt wird mit einem Faden. HD-Garn ist laut Herstellerangabe indanthren gefärbt; nach dem ersten Waschen bei 60° ist das Garn farb- und lichtecht. Das Garn weist einen geringen Verflusungsgrad auf. Natürlich kann man auch andere Stickgarne verwenden. Bei der Auswahl oder der Entscheidung ist zu beachten, daß merzerisierte Stickgarne glänzen und dadurch die Farben „härter" wirken. Bei einer Umsetzung der Entwürfe in andere Garnpaletten muß man daher mit nicht unerheblichen Farbverschiebungen rechnen. Bei der Verwendung anderer matter Garne ist unbedingt darauf zu achten, wie das Waschverhalten und die Qualität des Garns (Verdickungen, Verunreinigungen, Verflusung) ist. Da Gebrauchsartikel häufig gewaschen werden, sind nur solche Garne verwendbar, die eine „normale" Wäsche bei 60° auch aushalten. Die Herstellerangaben sind zu beachten.

Auf Seite 62 finden Sie eine Aufstellung der HD-Garne, die zusammen mit den Farbangaben eventuelle Umsetzungshilfen gibt. Trotz genauer Beschreibung können die Farbangaben nur eine Anleitung bedeuten. Wenn die Farben umgesetzt werden sollen, sollte man erst alle Farben, die man einsetzen will, nebeneinanderlegen. So kann man erkennen, ob nicht doch noch einzelne Farben gedämpft oder verstärkt werden müssen.

## Die Nadel

Als Nadel kann jede Sticknadel mit stumpfer Spitze eingesetzt werden. Dadurch wird das Anstechen der Gewebefäden verhindert. Als Sticknadelgröße sollte man die Nr. 22 wählen; bei Geweben mit 12 Fäden und mehr auf den Zentimeter sollte man sich für die Nr. 24 entscheiden. Fachgeschäfte führen alle Nadelgrößen, die Sie für Ihre Stickarbeit brauchen.

## Stoffe und Zubehör

Die Entwürfe in diesem Buch sind auf den verschiedensten Materialien gearbeitet, wobei Rücksicht auf deren Verwendungszweck und Gebrauchshäufigkeit genommen wurde. In allen Fällen, ob nun Leinen oder reine Baumwolle, handelt es sich aber um Stoffe, die quadratisch gewebt sind (Kette und Schuß), soweit dies heute maschinell möglich ist. Wenn Sie also andere Gewebe verwenden wollen, sollten Sie unbedingt darauf achten. Ist der Stoff nämlich nicht quadratisch gewebt, entstehen leicht Verzerrungen des Stickbildes. Falls Sie Zweifel an der quadratischen Struktur haben, sollten Sie unbedingt eine Probe sticken.

Achten Sie bei der Wahl des Stoffes auch auf dessen Wascheigenschaften. Unterschiedliche Waschtemperaturen für Garn und Stoff können Ihre Stickerei verderben, und die Arbeit wäre ganz umsonst gewesen.

Gestickt wird mit einem Faden über zwei Fäden des Grundstoffs. Sollten Sie dünnere Fäden als das gewählte Stickgarn verwenden, müssen Sie unter Umständen mit zwei Fäden sticken. Auch dies können Sie leicht durch vorheriges Ausprobieren herausfinden. Wirkt die Stickerei zu durchscheinend, nehmen Sie auf jeden Fall zwei Fäden. Die gezeigten Muster und Gestaltungsvorschläge sind natürlich abwandelbar und auf vielen Trägermaterialien zu verwenden. Beachten Sie die Hinweise für die Umrechnung von Mustervorlagen. Für diejenigen, die genau nach Vorlage arbeiten wollen, werden nachstehend die genauen Artikelbezeichnungen und Herstellerangaben aufgeführt. Sollten Sie einzelne Artikel nicht in Ihrem Handarbeitsfachgeschäft bekommen, wenden Sie sich am besten an die Hersteller dieser Materialien. Sie erhalten dann einen Bezugsquellennachweis.

Die Motive mit den Wildgänsen (Brandgans, Ringelgans, Graugans, Kanadagans, Weißwangen-, Saat- und Bläßgans) sind auf 10,5fädigem, cremefarbenem Reinleinen gestickt (Artikel 1.007, Uhlenhof-Stickereien; das für die gerahmten Motive verwendete doppelte Schrägschnitt-Passepartout – Artikel 3.018.07 –, wie auch alle anderen Passepartouts, stammt ebenfalls von Uhlenhof).

Alle Entenpaare sowie die Entwürfe „Hahn und Henne" und „Bauernhof mit Gänsen" sind auf 12fädigem, getöntem Reinleinen gestickt (Artikel Belfast 3609/222 von Zweigart & Sawitzki, Sindelfingen).

Die Muster „Gänsemutter mit Küken" und „Gans unterm Weihnachtsbaum" sind auf 12fädigem Reinleinen (Artikel Belfast 3609/51 von Zweigart & Sawitzki) gestickt. Das Grundmaterial für die blaue Tischdecke (Artikel 1235/510 von Zweigart & Sawitzki) ist Linda-Schülertuch mit 10 Fäden je Zentimeter; das gilt auch für das Motiv „Gertrud" auf Set und Serviettentasche (Artikel Linda 1235/264), das Kinderröckchen (Artikel Linda 1235/1) und den Strampler (Artikel Linda 1235/438).

Gans „Gertrud" auf Tischband ist auf 4fach gezwirntem Leinenband mit einer Breite von 9 cm und 12 Fäden je Zentimeter von Uhlenhof-Stickereien gearbeitet. Es zeichnet sich durch seine stabile Struktur und einen besonders fein gestalteten Rand aus. Das gezeigte Tischband ist nicht mit der verwendeten Tischdecke zu verbinden. So kann man es nach Gebrauch separat einrollen, es wird geschont und muß nur bei nachhaltiger Verschmutzung gewaschen werden.

## Die Umrechnung der Mustervorlagen

## Das Design fürs liebe Federvieh

Nachdem nun so häufig vom Umrechnen gesprochen wurde, folgt hier noch einmal eine genaue Erläuterung. Man zählt die Breite des Musters und dessen Höhe, indem man die gezeichneten Zeichen durchzählt. Diese Zahlen, geteilt durch die Anzahl der möglichen Kreuzstiche auf den Zentimeter des Trägermaterials, ergibt die gestickte Größe.

**Beispiel:** Tischband = 6 Kreuze auf den Zentimeter
(über 2 Fäden gestickt!)
Muster: Breite 148 Zeichen : 6 = 24,7 cm
Höhe 42 Zeichen : 6 = 7 cm

Daraus folgert, daß die Größe des Entwurfs nicht nur vom Entwurf selbst, sondern auch vom Trägermaterial abhängig ist.
Nimmt man selbstgefertigtes Band oder stickt die Muster direkt auf einen Grundstoff, kann man leicht die Maße und damit die Verteilung der Muster selbst errechnen. An den folgenden Beispielen erkennt man die Größenunterschiede:

Stoff: Baumwolle/Leinen über 2 Fäden gestickt

| | 10 Fäd/cm | 12 Fäd/cm | 14 Fäd/cm |
|---|---|---|---|
| Breite: 148 Zeichen | 29,6 cm | 24,7 cm | 21,1 cm |
| Höhe: 21 Zeichen | 4,2 cm | 3,5 cm | 3,0 cm |
| Teiler: | 5 | 6 | 7 |

Da man bei den einzelnen Mustern die Abstände zwischen den sich wiederholenden Mustern (Rapport) selbst bestimmen kann, ist eine genaue Berechnung (z.B. einer Decke) vorher möglich. Leichter wird es, wenn man Säume und Einfassungen erst später arbeitet und genügend Stoffzugabe zum Fertigmaß wählt. Geringe Ungenauigkeiten können so ausgeglichen werden.

### Waschen und Pflege

Wie bereits mehrfach angesprochen, können bei entsprechenden Materialien bedenkenlos 60° Waschtemperatur eingesetzt werden. Dies ist vor allem bei Gebrauchswäsche notwendig.
Verwenden sollte man nur Waschmittel ohne optische Aufheller (Feinwaschmittel). Da jede Stickerei unter dem Waschen leidet, ist bei dem Tischband die lose Verwendung bevorzugt worden. Außerdem bekommt Mangeln einer Stickerei nie besonders gut. Sets, Handtücher, Lätzchen und Zierbänder allgemein können normal im Rahmen dieser Empfehlung gewaschen werden.
Verwendet man die Muster für Bilder, ist eine Rahmung hinter Normalglas empfehlenswert. Mattglas läßt die Stickerei verwaschen erscheinen.

In diesem Buch werden ausschließlich neue Entwürfe vorgestellt. Alle Muster wurden vom Verfasser entworfen, der als freier Designer auf dem Sektor Kreuzstich tätig ist. Er ist für seine harmonischen Entwürfe besonders aus dem Bereich Flora und Fauna bekannt.

# Anmerkungen zu
# den Mustern

Viele der in diesem Buch gezeigten Entwürfe werden in Form von gerahmten Bildern vorgestellt. Nahezu alle sind aber auch mit oder ohne Abwandlung für Gebrauchsartikel einzusetzen. Es würde den Rahmen dieses Buches sprengen, würden alle Verwendungsmöglichkeiten gezeigt werden. Die einzelnen Beispiele, z. B. mit Kinderkleidung, sollen daher anregen, die Motive so oder ähnlich einzusetzen.

Häufig wird die Frage nach dem Besticken von Blusen, feinen Pullovern oder anderen Bekleidungsstücken gestellt, die aufgrund ihres engen Gewebes nicht ausgezählt werden können. In diesen Fällen verwenden Sie ein Stück Leinen mit 12 oder 14 Fäden je Zentimeter, befestigen dies mit einigen Heftstichen auf der Stelle des Kleidungsstücks, auf die die Stickerei kommen soll, und sticken dann das Muster wie gehabt auf das Leinen und durch das Kleidungsstück durch. Sticken Sie nicht zu fest! Nach dem Sticken zupfen Sie mit einer Pinzette Faden für Faden des Leinens unter der Stickerei heraus. Noch ein Tip: Achten Sie beim Durchstechen darauf, daß die Nadel gerade durchgeführt wird, sonst sieht die Stickerei „unsauber" aus. Und Sie dürfen in diesem Fall eine Sticknadel mit Spitze verwenden – stechen Sie die Leinenfäden damit aber nicht an!

Vor dem Beginn einer Stickarbeit bestimmen Sie die Größe des Trägerstoffs anhand der Musterzeichnung und der in diesem Buch gegebenen Beispiele. Sparen Sie nicht zu sehr an Stoff. Es gibt nichts Schlimmeres, als nach getaner Arbeit feststellen zu müssen, daß der Rand zu schmal ist. Sticken Sie nach Möglichkeit von der Mitte aus, indem Sie durch Falten des Stoffes die Mitte finden und mit der in der Mitte der Musterzeichnung angegebenen Farbe (siehe Pfeile in der Zeichnung) zu sticken beginnen.

Das gezeigte Tischband sollte vorher der Tischgröße angepaßt werden; denken Sie jedoch daran, daß die Enden noch abgenäht (waagerecht oder „Tütchen") werden müsssen. Verteilen Sie dann die wiederkehrenden Motive auf dem Band, nachdem Sie in Größe der Rapporte etwas Papier zugeschnitten haben und dieses auf dem Band nach Ihren Wünschen verteilt haben. Markieren Sie mit Stecknadeln den jeweiligen Anfang des Musters, dann kann nichts schiefgehen. Denken Sie daran, daß das Muster auf dem Tischband gewendet werden sollte, damit Sie und Ihre Gäste auf beiden Seiten des Tisches etwas sehen!

Nicht alles läßt sich vorgeben, aber jedes Fachgeschäft hilft Ihnen gern mit Rat und „Zeigen".

Sticken macht Spaß! Ich wünsche Ihnen die gleiche Freude beim Sticken, wie ich sie beim Entwerfen hatte.

Ihr Kurt A. Bernecker

**Bauernhof mit Gänsen**

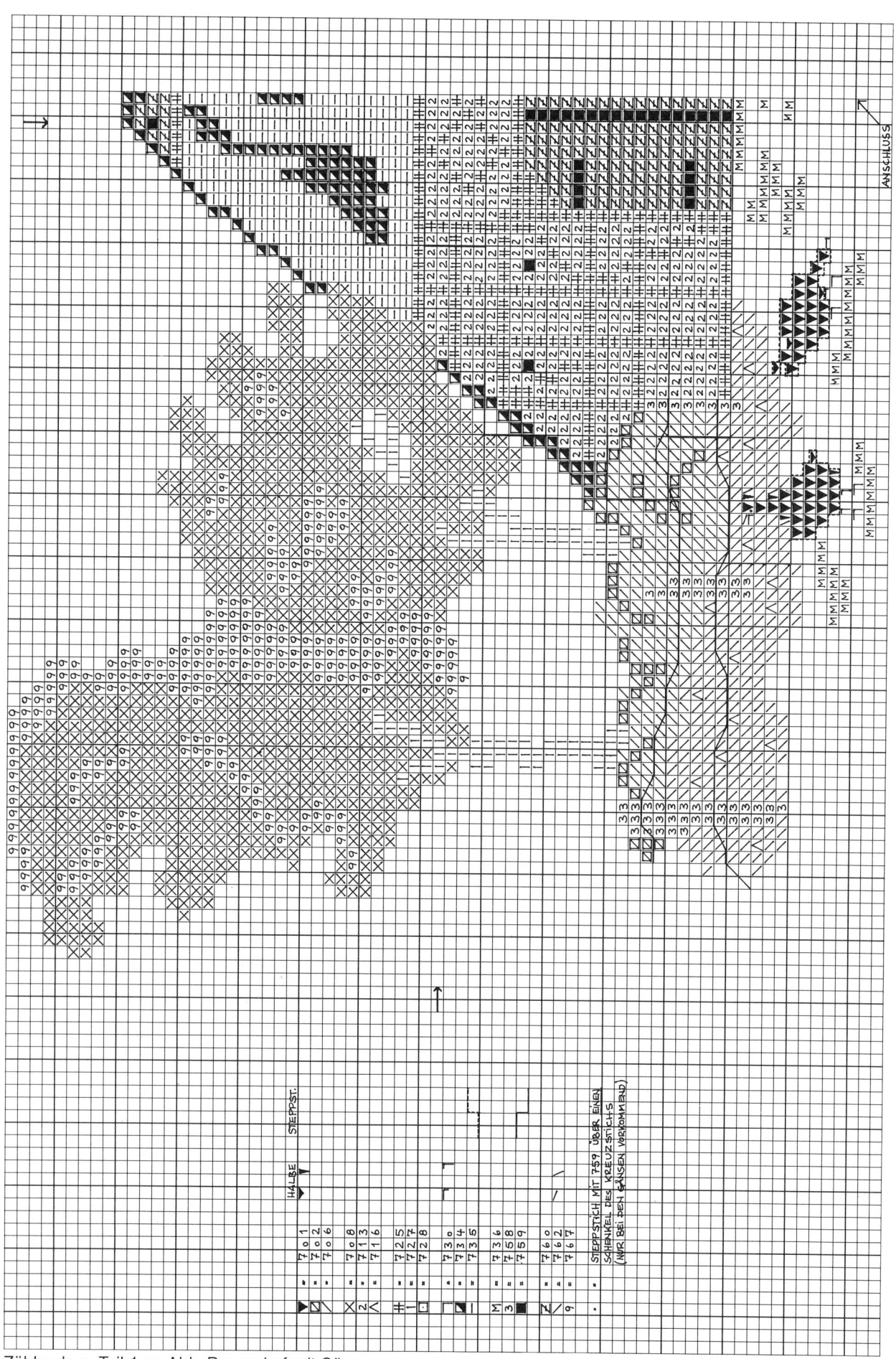

Zählvorlage Teil 1 zu Abb. Bauernhof mit Gänsen

Zählvorlage Teil 2 zu Abb. Bauernhof mit Gänsen

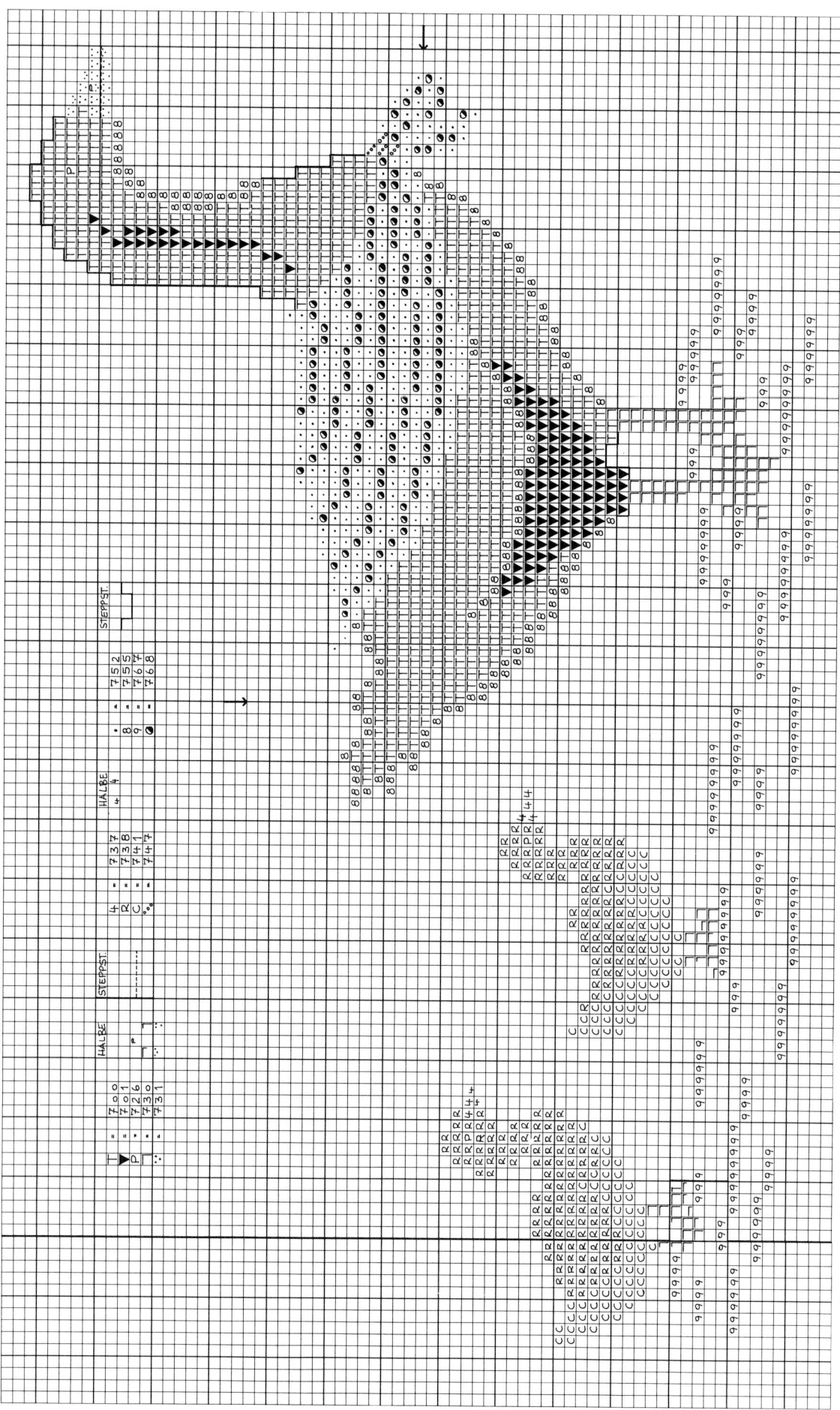

Zählvorlage zu Abb. Gänsemutter mit Küken

**Gänsemutter mit Küken**

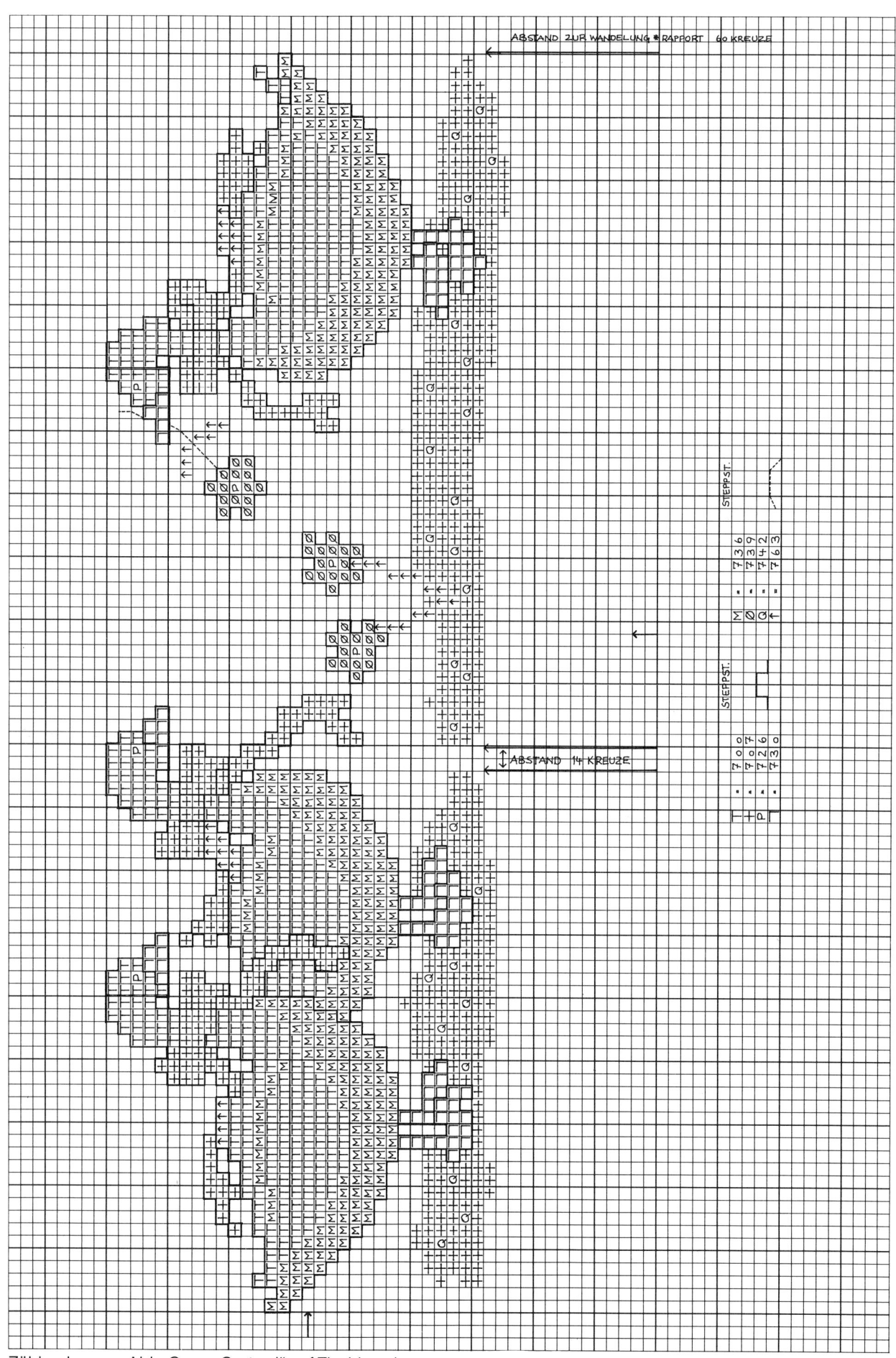

Zählvorlage zu Abb. Gans „Gertrud" auf Tischband

**Gans „Gertrud"** auf Tischband

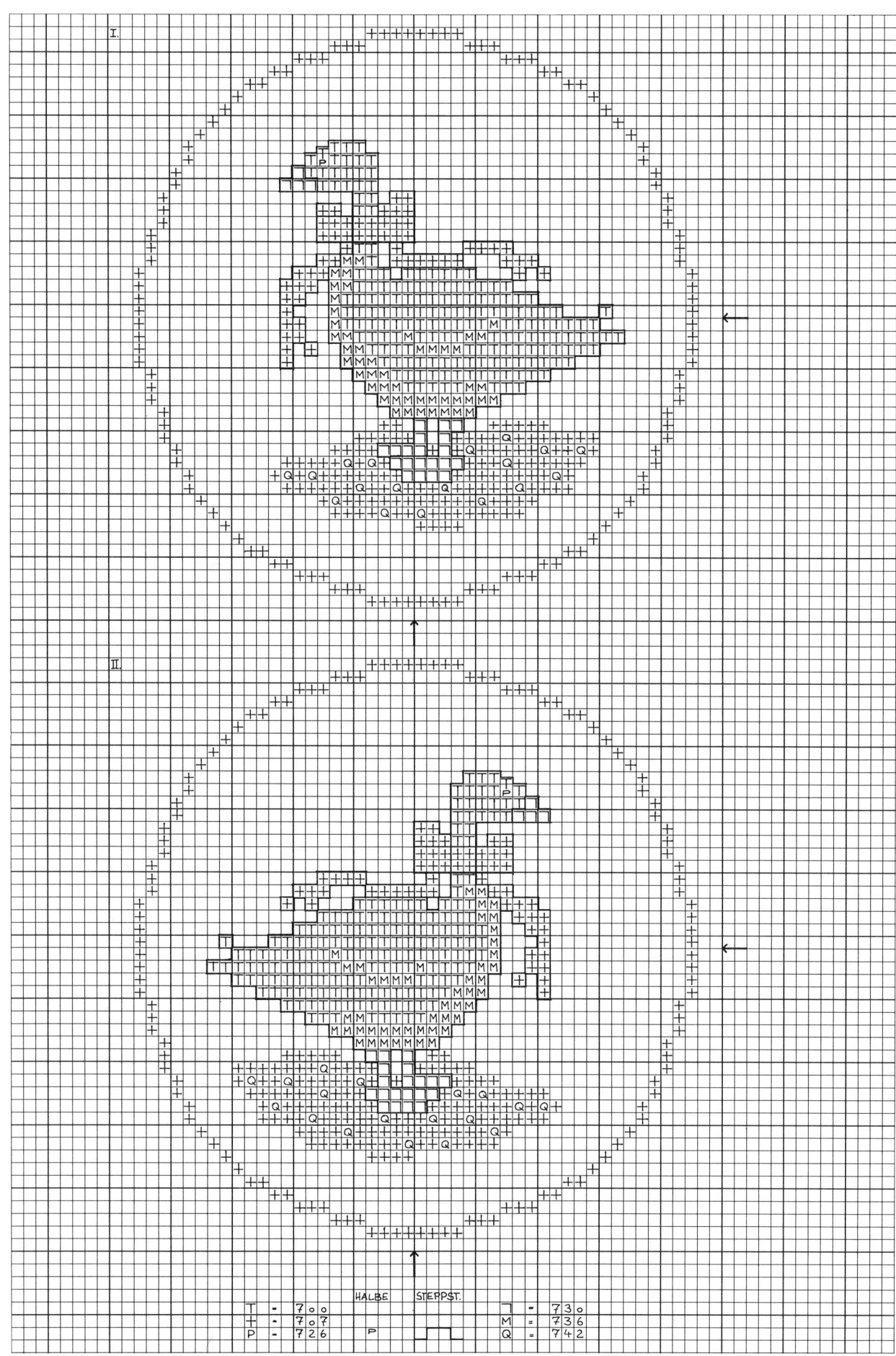

| | | | | HALBE | STEPPST. | | | | | |
|---|---|---|---|---|---|---|---|---|---|---|
| T | - | 7 0 0 | | | | | ⌐ | - | 7 3 0 | |
| + | - | 7 0 7 | | | P | | M | = | 7 3 6 | |
| P | - | 7 2 6 | | | | | Q | = | 7 4 2 | |

Zählvorlage zu Abb. Gans „Gertrud" (Serviette, Serviettentasche)

**Gans „Gertrud"** (Serviette, Serviettentasche)

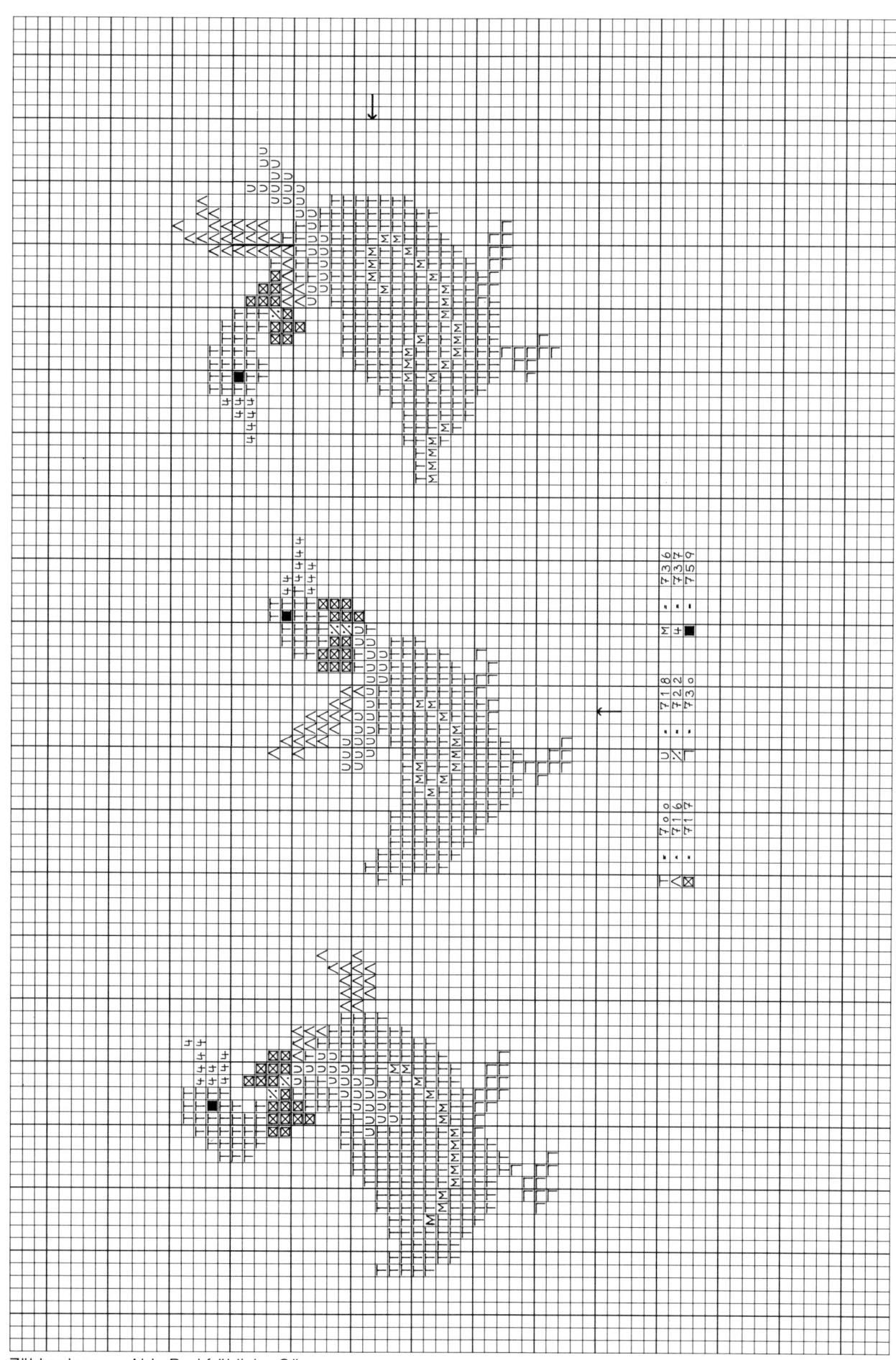

Zählvorlage zu Abb. Drei fröhliche Gänse

**Drei fröhliche Gänse** (Tischdecke, Set, Serviette)

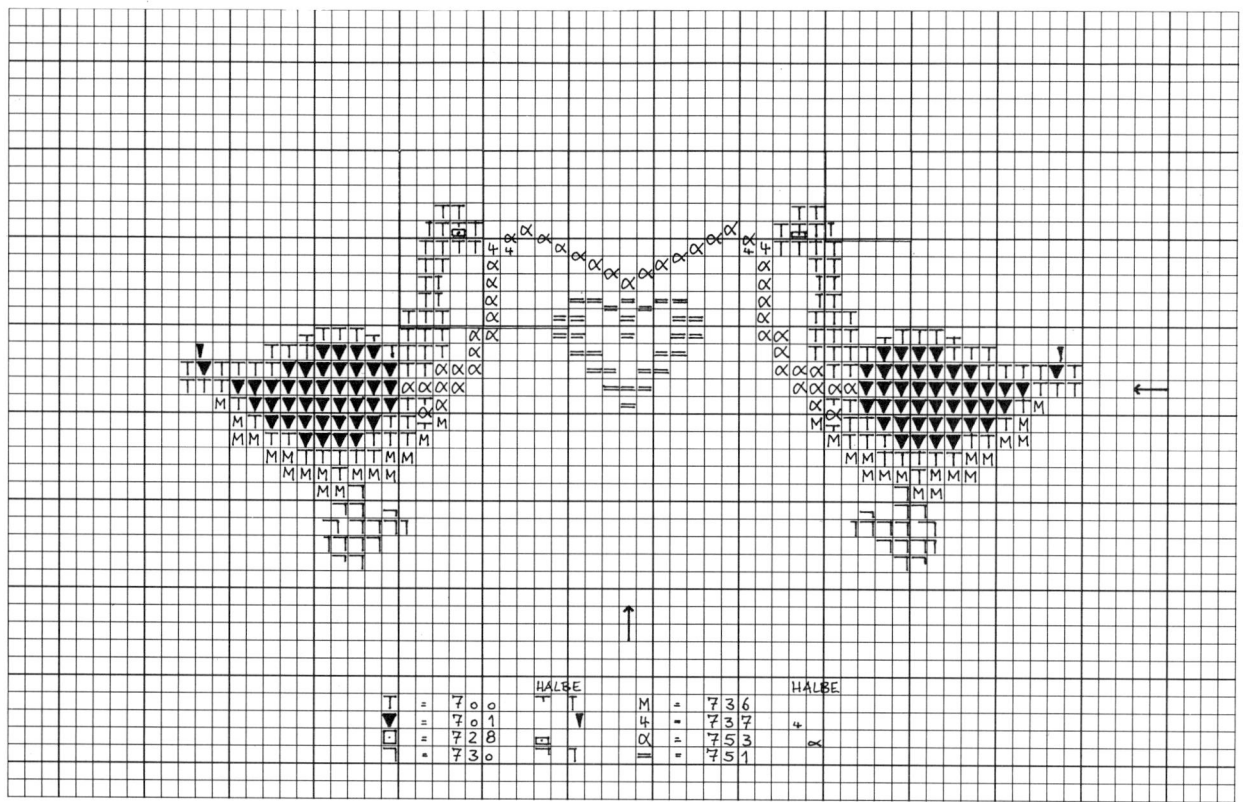

Zählvorlage zu Abb. Gänse mit Herz

**Gänse mit Herz** (Strampler)

**Hahn und Henne** (Zählvorlage Seiten 26/27)

**Hähnchen und Hühnchen** (Zählvorlage Seite 28)

Zählvorlage Teil 1 zu Abb. Hahn und Henne

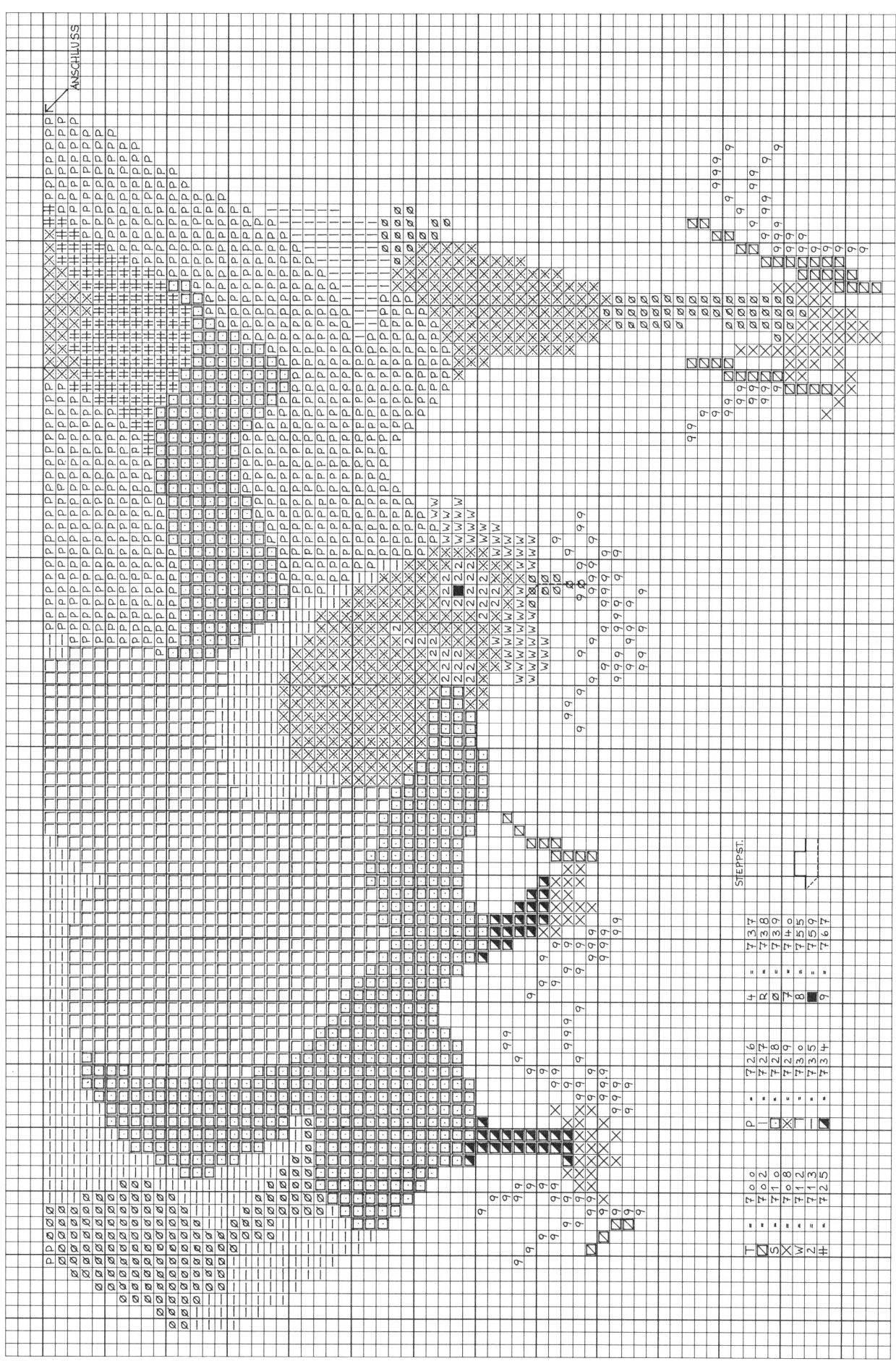

Zählvorlage Teil 2 zu Abb. Hahn und Henne

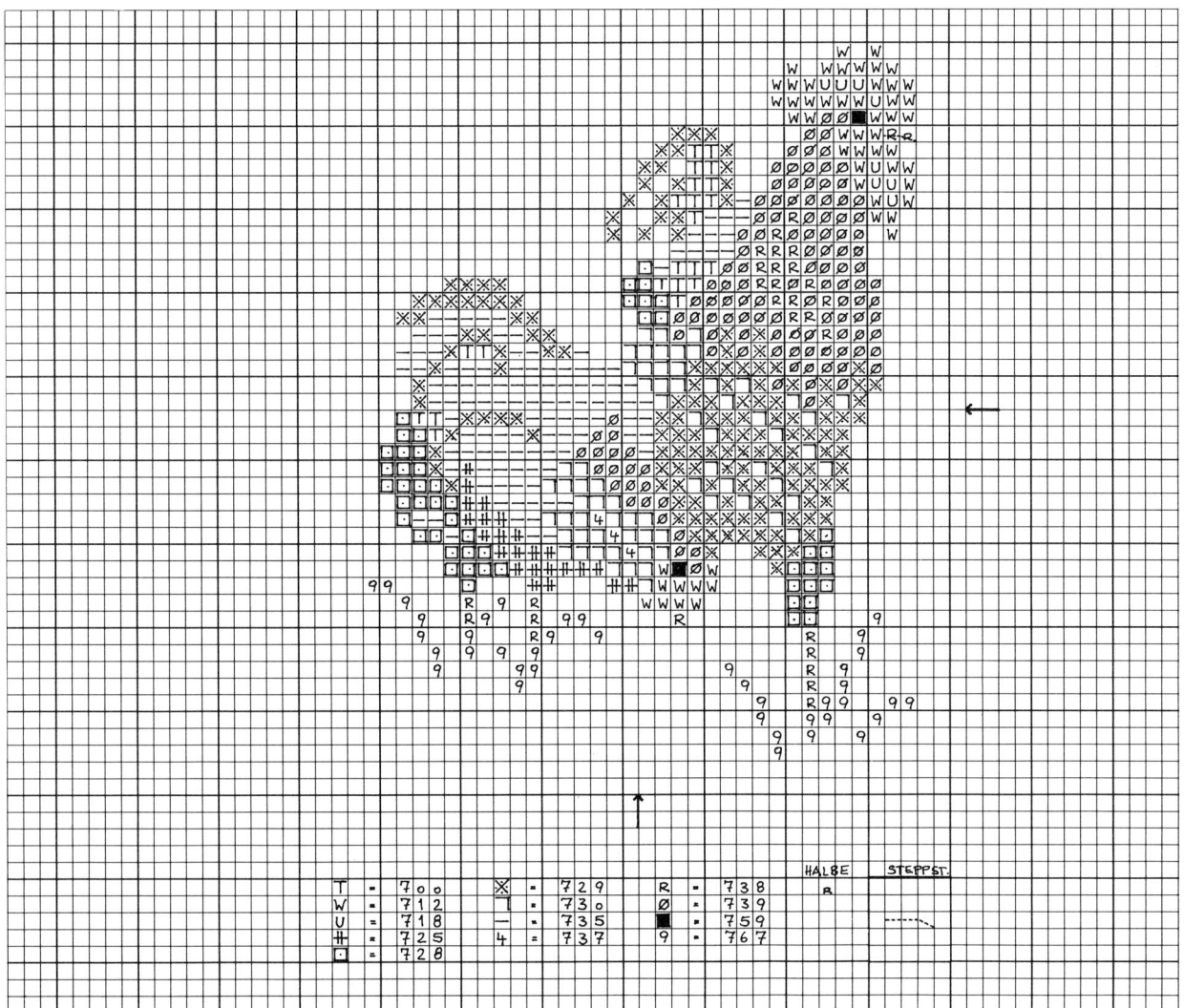

| | | | | | | | | | | HALBE | STEPPST. |
|---|---|---|---|---|---|---|---|---|---|---|---|
| T | = | 7 0 0 | ⊠ | = | 7 2 9 | R | = | 7 3 8 | R | |
| W | = | 7 1 2 | ⊐ | = | 7 3 0 | Ø | = | 7 3 9 | | |
| U | = | 7 1 8 | — | = | 7 3 5 | ■ | = | 7 5 9 | | |
| ⊞ | = | 7 2 5 | 4 | = | 7 3 7 | 9 | = | 7 6 7 | | - - - - - |
| ⊡ | = | 7 2 8 | | | | | | | | |

Zählvorlage zu Abb. Hähnchen und Hühnchen

**Hahn „Fridolin"** (Zählvorlage Seiten 30/31)

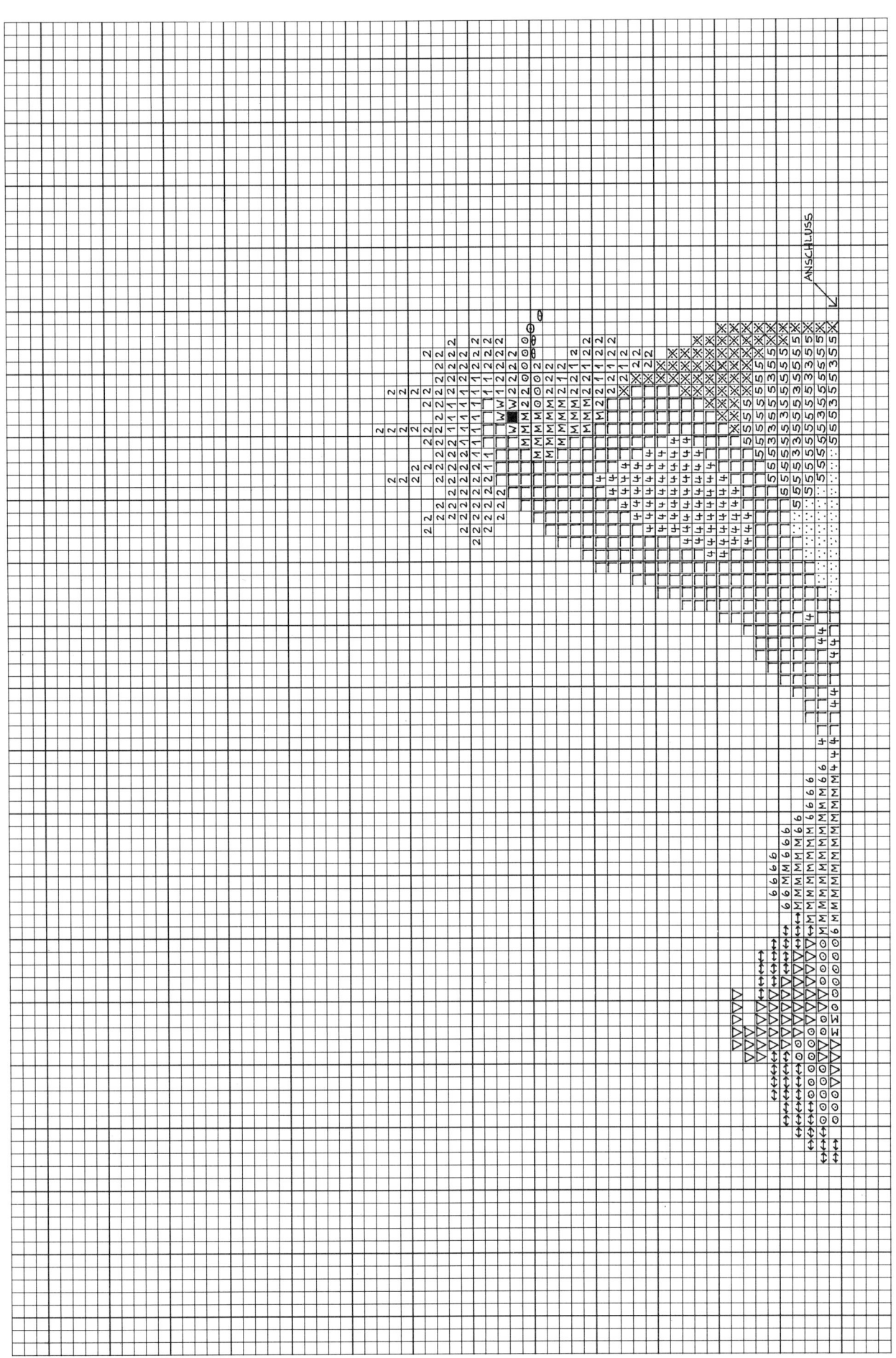

Zählvorlage Teil 1 zu Abb. Hahn „Fridolin"

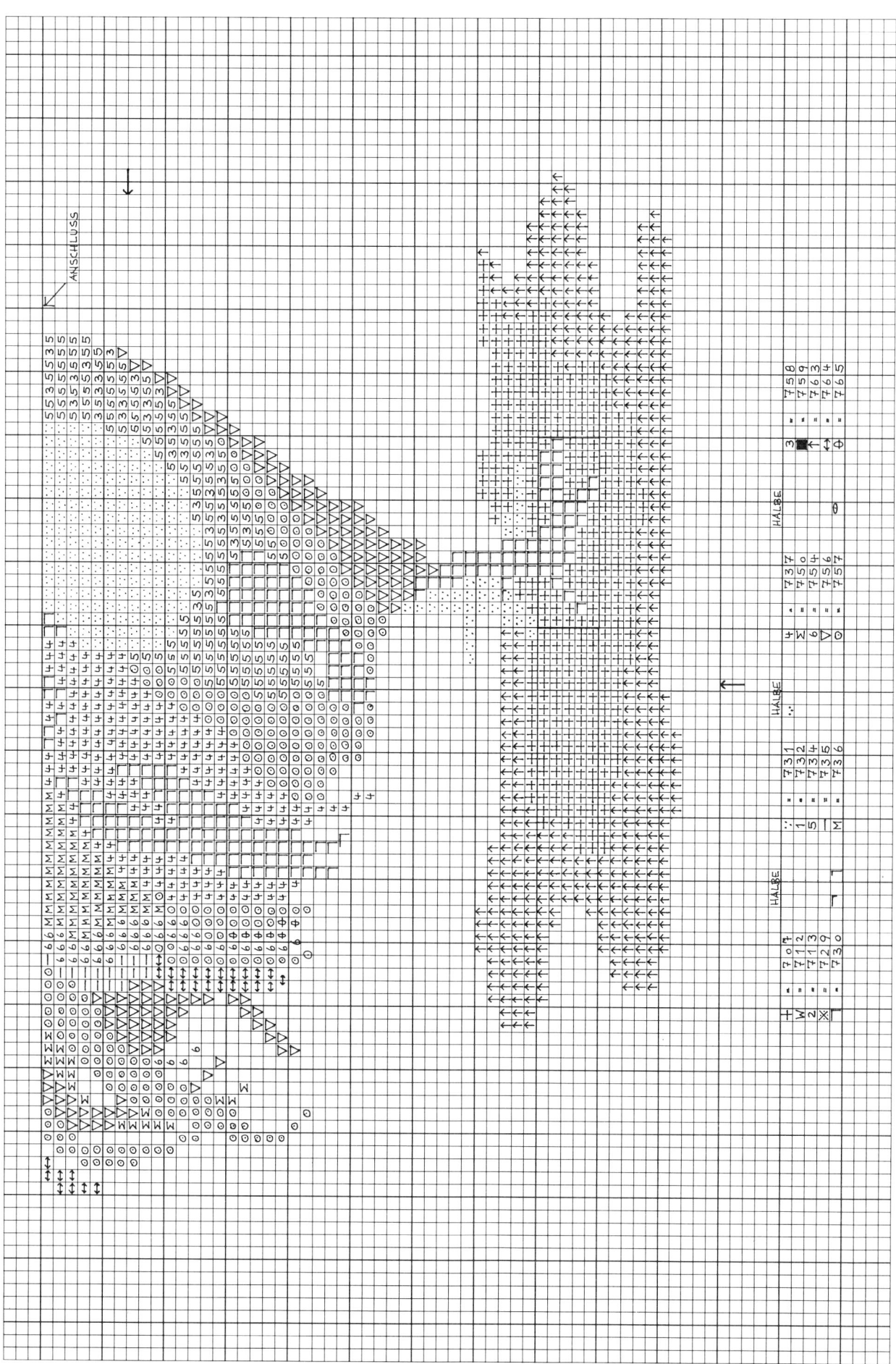

Zählvorlage Teil 2 zu Abb. Hahn „Fridolin"

Zählvorlage zu Abb. Gans unterm Weihnachtsbaum

**Gans unterm Weihnachtsbaum** (Weihnachtskarte)

**Löffelenten** (Zählvorlage Seite 38)

Dekorativ gerahmt: Verschiedene Wildenten-Motive

**Schellenten** (Zählvorlage Seite 39)

**Kolbenenten** (Zählvorlage Seite 40)

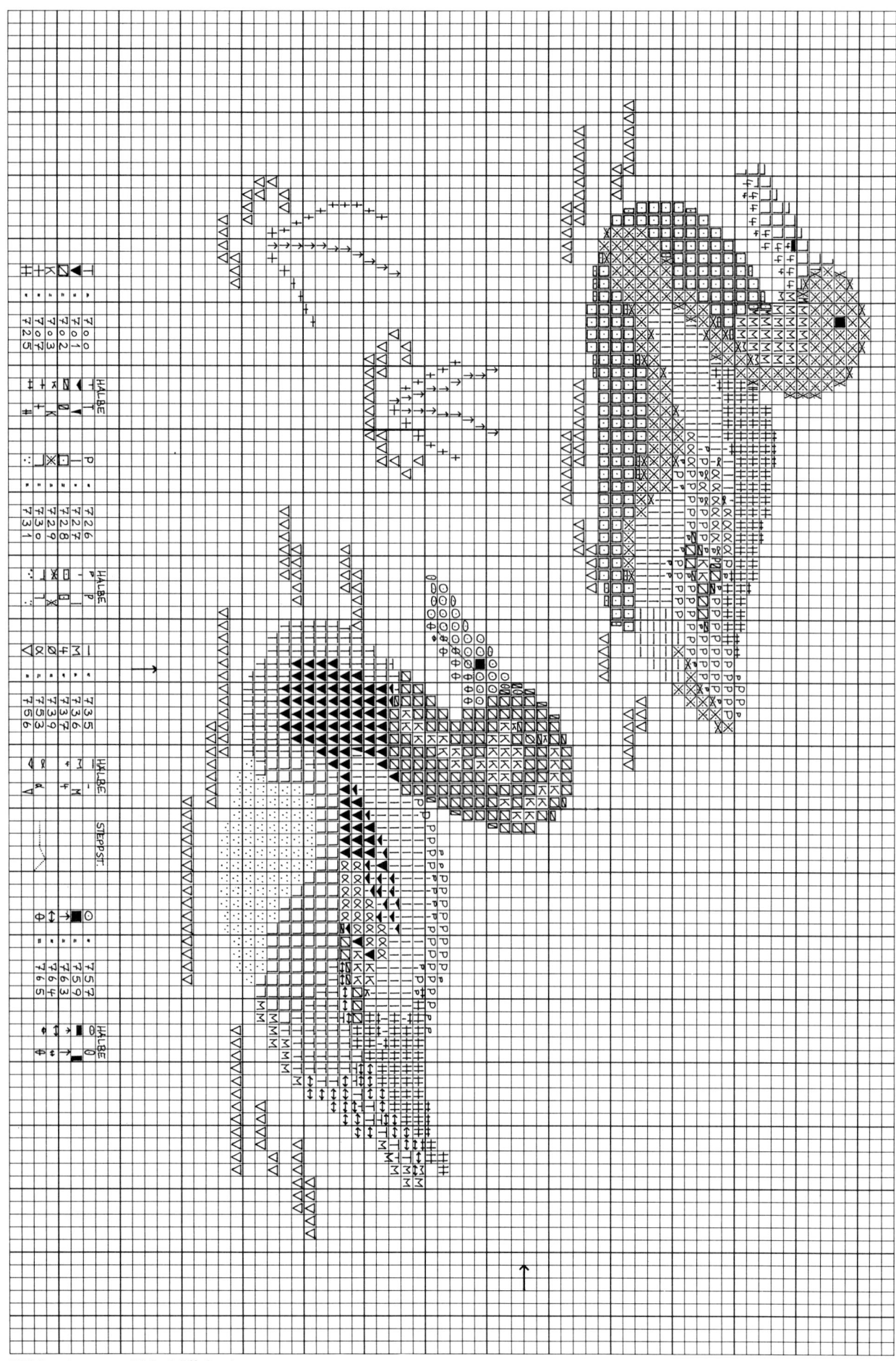

Zählvorlage zu Abb. Löffelenten

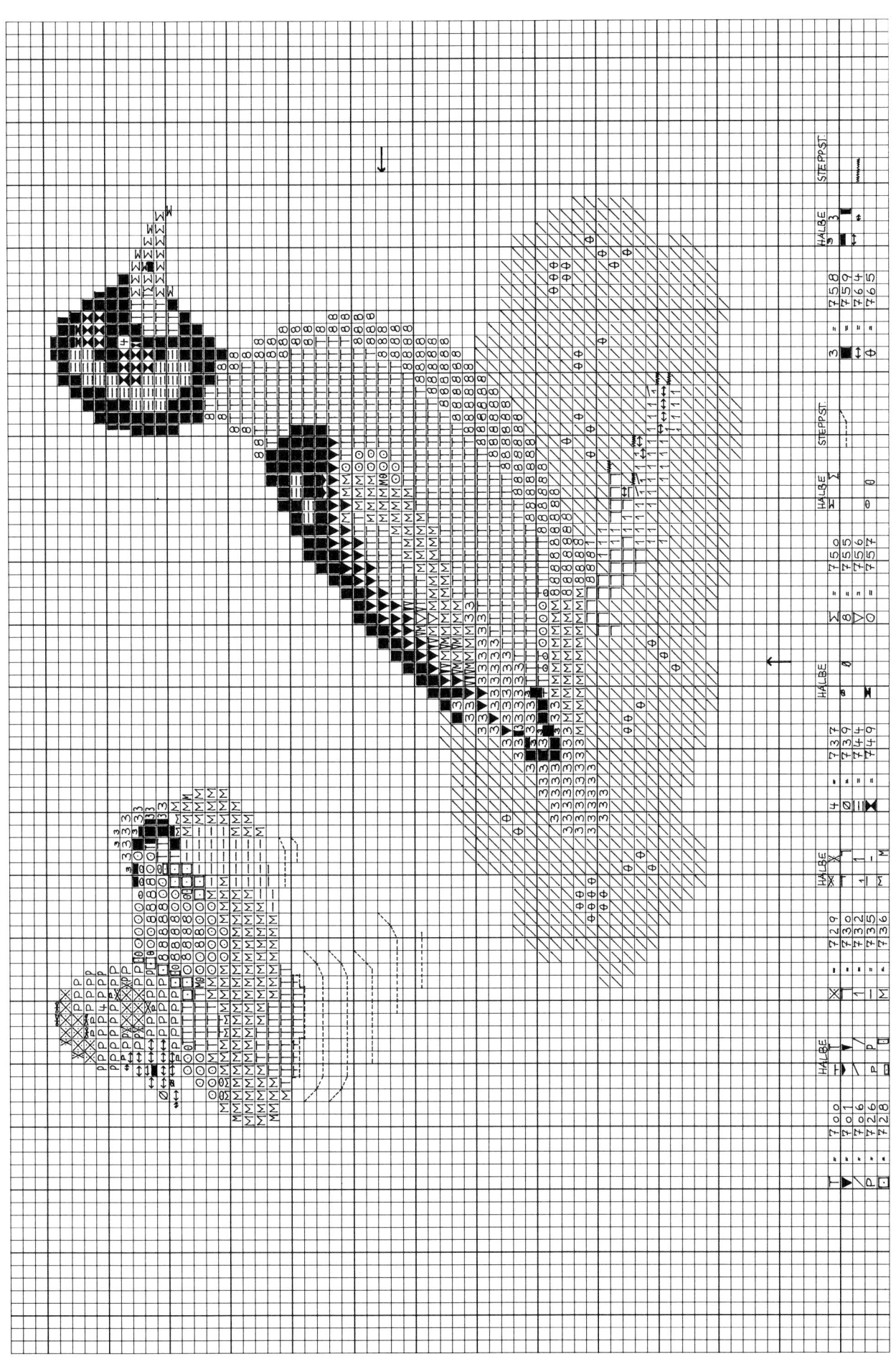

Zählvorlage zu Abb. Schellenten

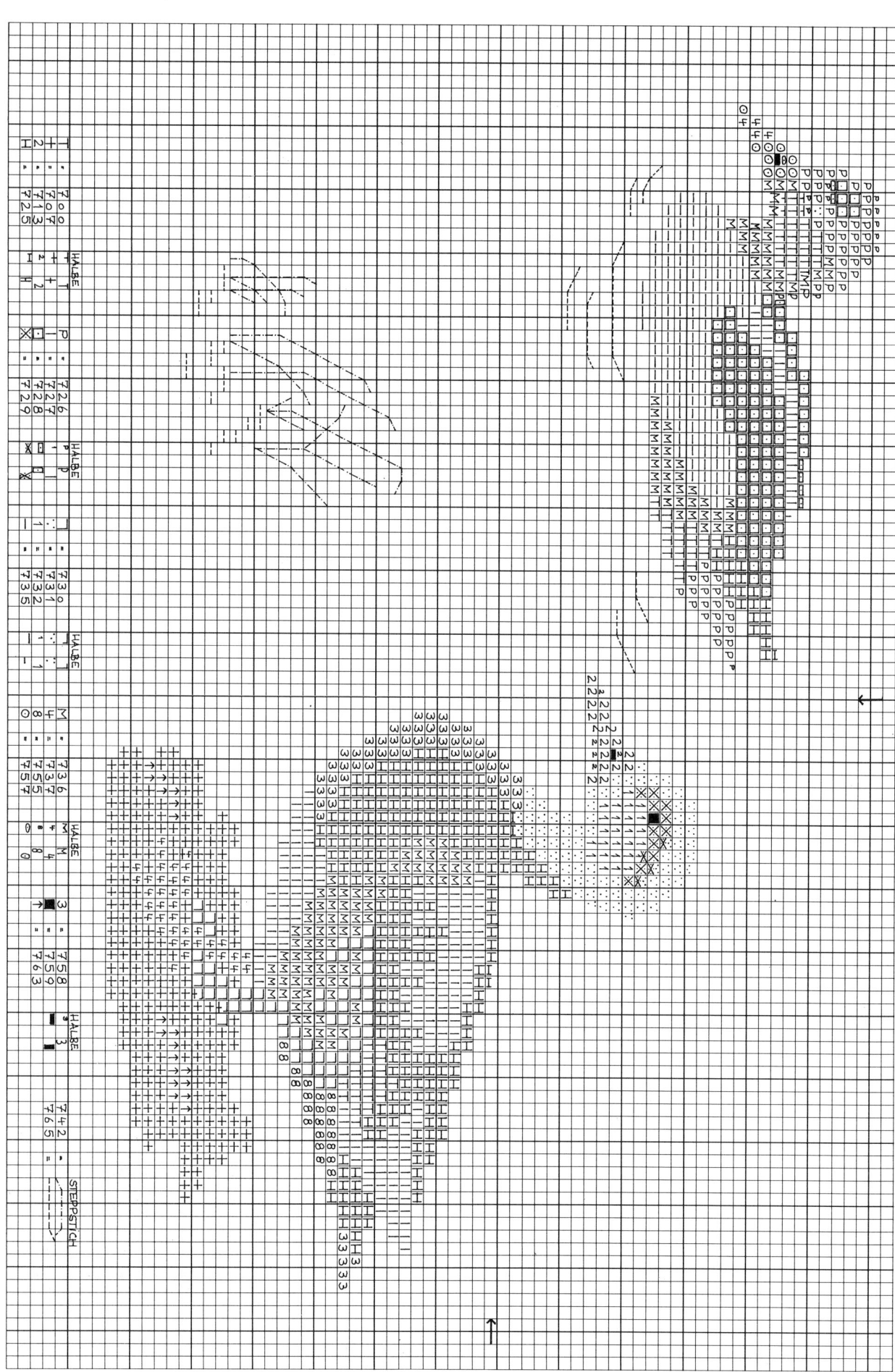

Zählvorlage zu Abb. Kolbenenten

**Mittelsäger** (Zählvorlage Seite 44)

**Bergenten** (Zählvorlage Seite 45)

**Knäkenten** (Zählvorlage Seite 46)

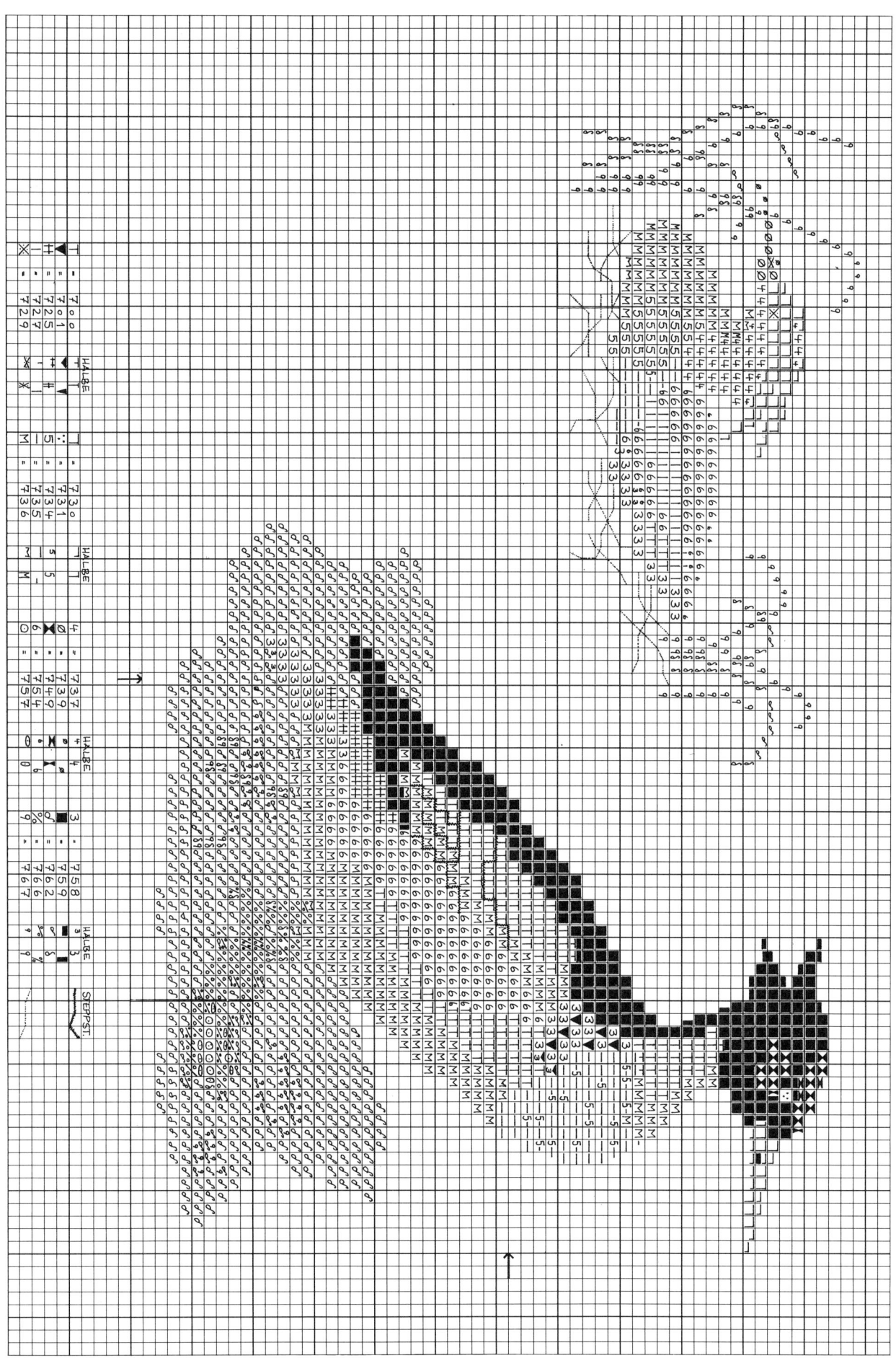

Zählvorlage zu Abb. Mittelsäger

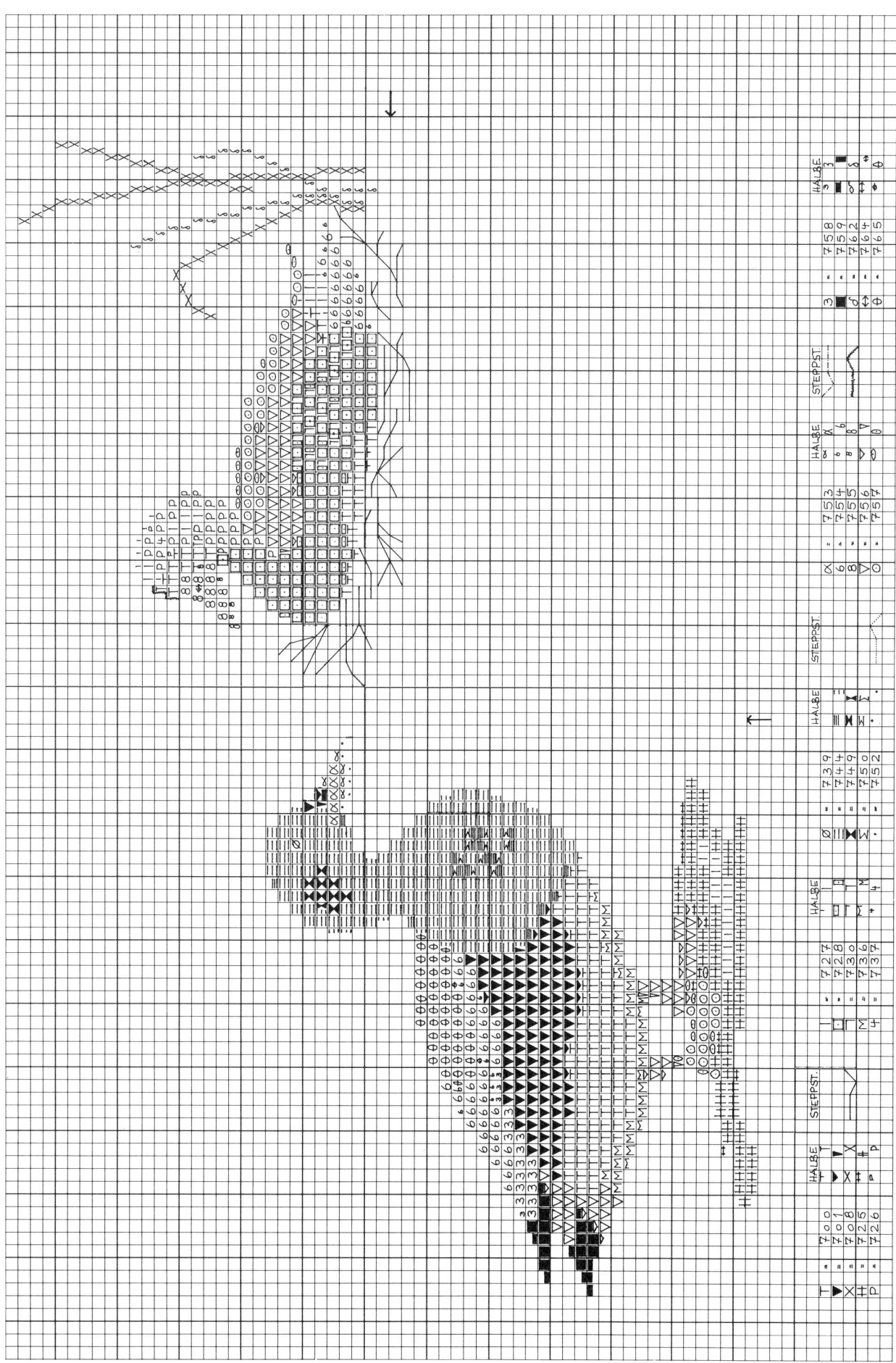

Zählvorlage zu Abb. Bergenten

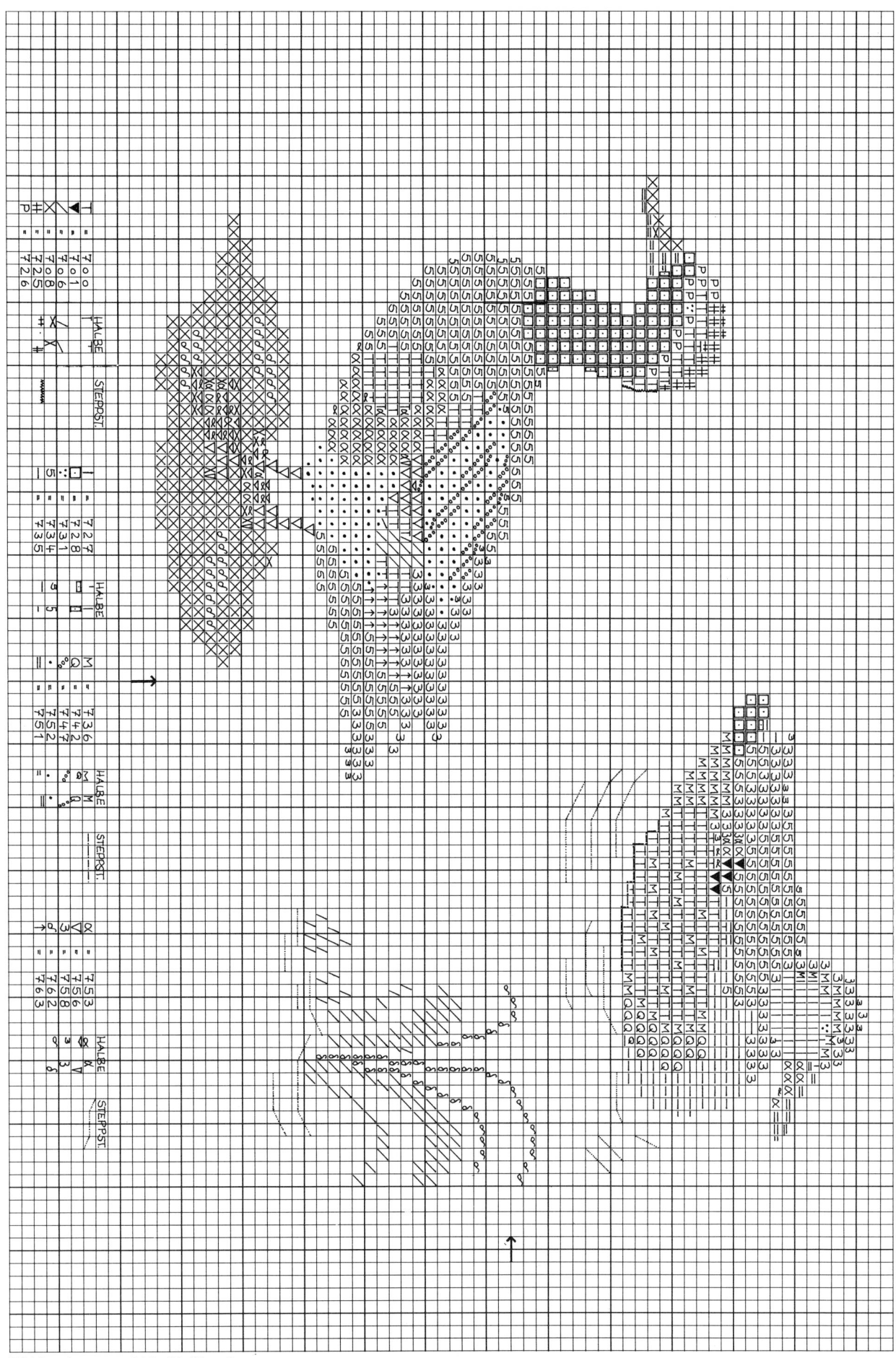

Zählvorlage zu Abb. Knäkenten

Naturgetreu nachgestickt: Wildgänse

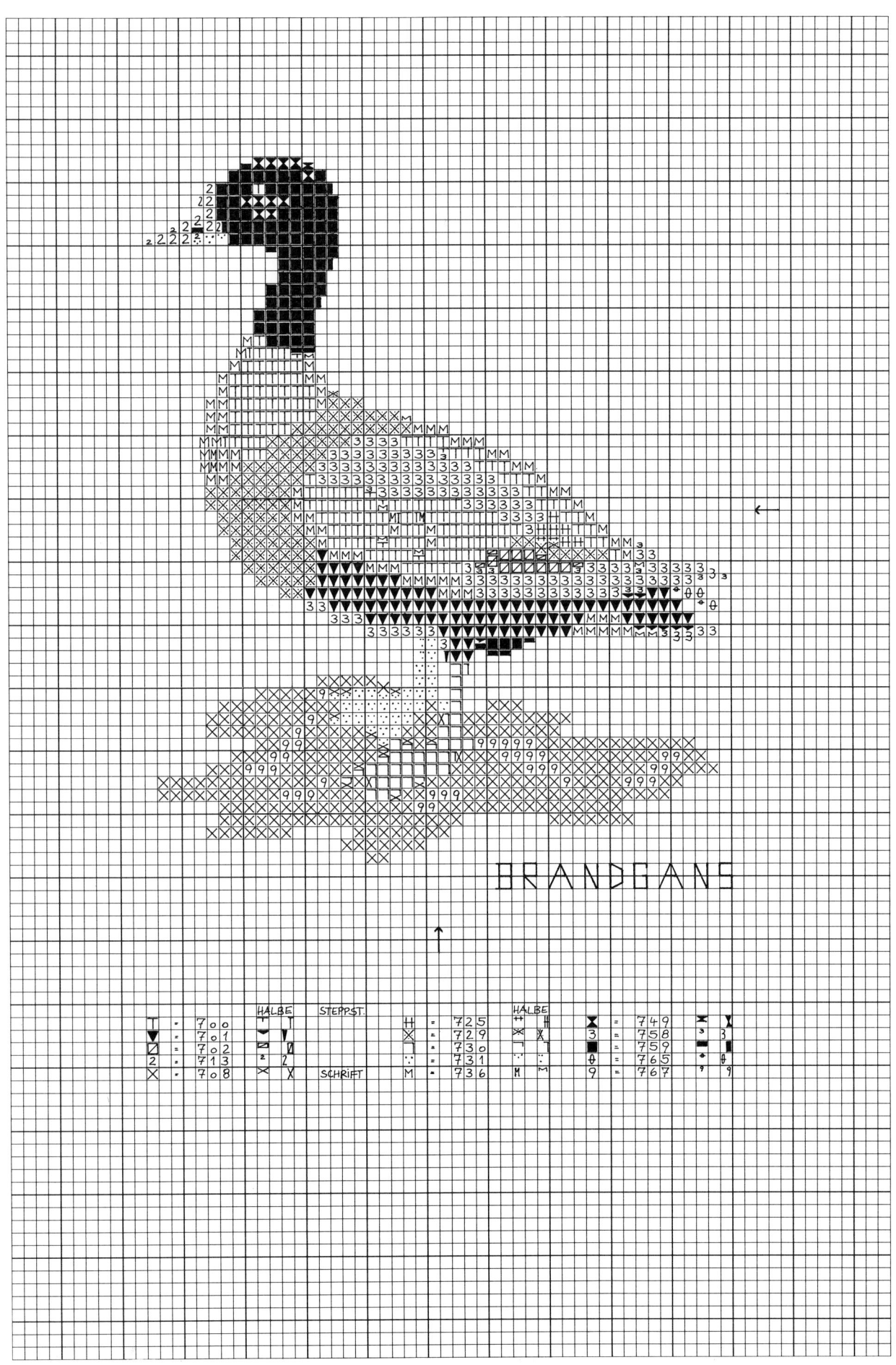

BRANDGANS

| | | | | HALBE | STEPPST. | | | | HALBE | | | | | | | | |
|---|---|---|---|---|---|---|---|---|---|---|---|---|---|---|---|---|---|
| T | = | 700 | T | T | | H | = | 725 | ++ | H | ✕ | = | 749 | ✕ | ✕ |
| ▼ | = | 701 | ▼ | ▼ | | ✕ | = | 729 | ✕ | ✕ | 3 | = | 758 | 3 | 3 |
| ∅ | = | 702 | ∅ | ∅ | | ⊤ | = | 730 | ⊤ | ⊤ | ■ | = | 759 | | |
| 2 | = | 713 | 2 | 2 | | ∴ | = | 731 | ∴ | ∴ | θ | = | 765 | θ | θ |
| ✕ | = | 708 | ✕ | ✕ | SCHRIFT | M | = | 736 | M | M | 9 | = | 767 | 9 | 9 |

48

**Brandgans**

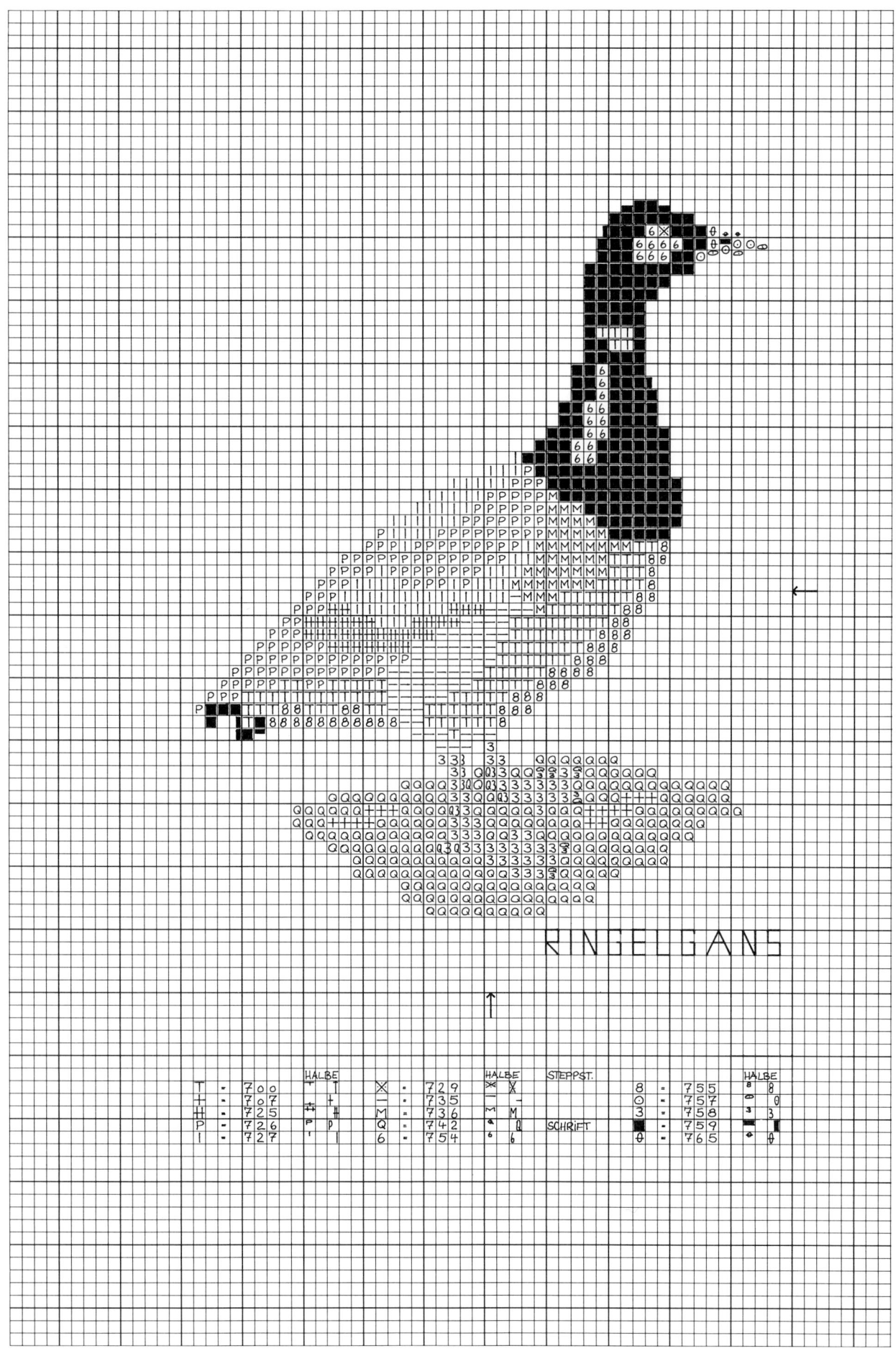

RINGELGANS

| | | | | HALBE | | | | | | HALBE | | STEPPST. | | | | | | | HALBE | |
|---|---|---|---|---|---|---|---|---|---|---|---|---|---|---|---|---|---|---|---|
| T | · | 700 | T | T | X | · | 729 | ⋈ | X | | | 8 | · | 755 | 8 | 8 |
| + | · | 707 | + | + | — | · | 735 | | | | | ○ | · | 757 | ⊕ | |
| H | · | 725 | H | H | M | · | 736 | M | M | | | 3 | · | 758 | 3 | 3 |
| P | · | 726 | P | P | Q | · | 742 | Q | Q | SCHRIFT | ■ | · | 759 | ■ | |
| I | · | 727 | I | I | 6 | · | 754 | 6 | 6 | | | θ | · | 765 | θ | θ |

**Ringelgans**

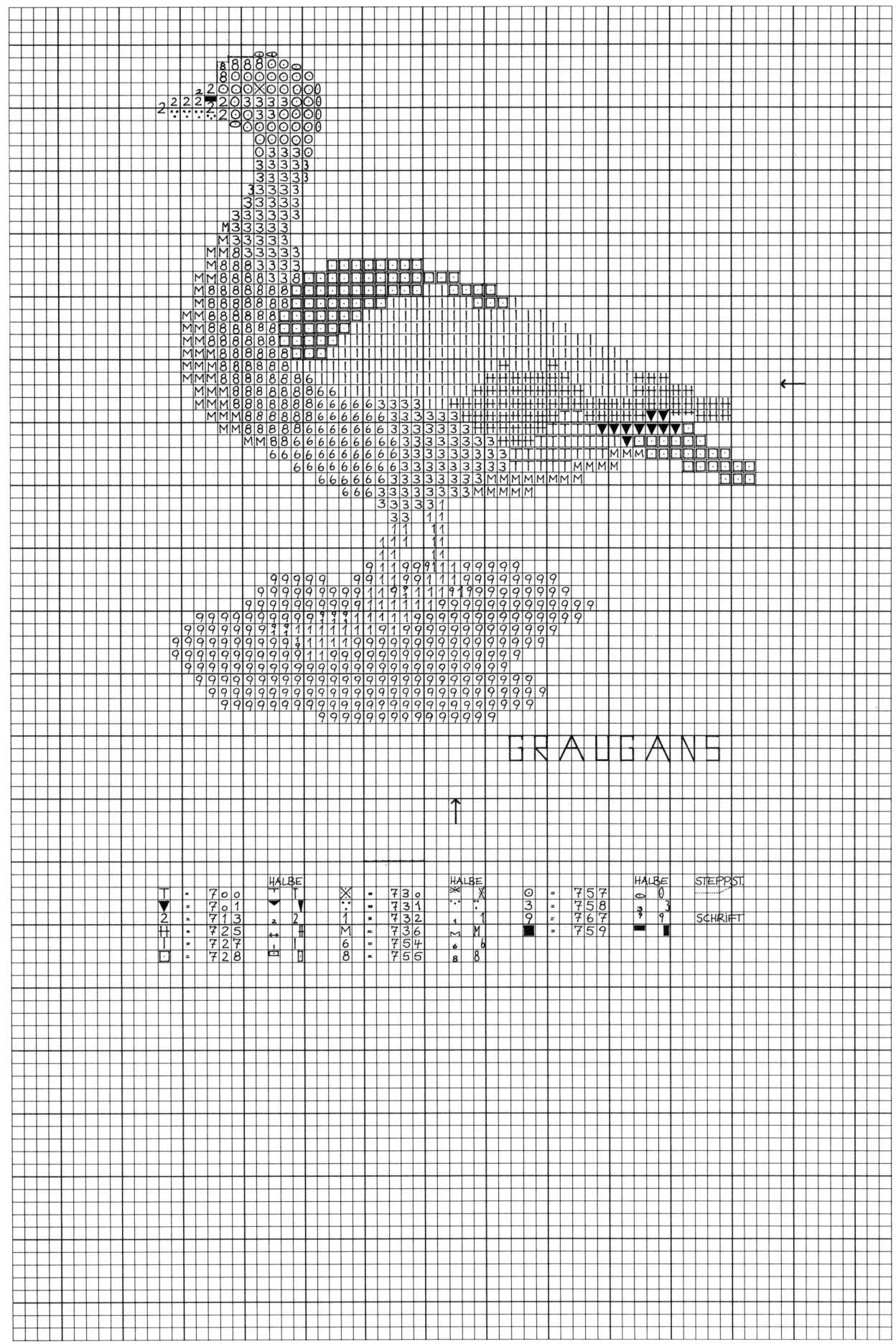

GRAUGANS

| | | | | HALBE | | | | | HALBE | | | | | HALBE | | STEPPST. | |
|---|---|---|---|---|---|---|---|---|---|---|---|---|---|---|---|---|---|---|
| T | = | 700 | | ⊤ | T | ⊠ | = | 730 | ⊠ | ⊠ | ⊙ | = | 757 | ⊙ | 0 | | | |
| ▼ | = | 701 | ▼ | ▼ | ∴ | = | 731 | ∴ | | 3 | = | 758 | 3 | 3 | | | | |
| 2 | = | 713 | 2 | 2 | 1 | = | 732 | 1 | 1 | 9 | = | 767 | 9 | 9 | SCHRIFT | | | |
| H | = | 725 | ⊩ | H | M | = | 736 | M | M | ■ | = | 759 | ■ | | | | | |
| ⊡ | = | 728 | | ⊡ | 8 | = | 755 | 8 | 8 | | | | | | | | | |
| | | | | | 6 | = | 754 | 6 | 6 | | | | | | | | | |

**Graugans**

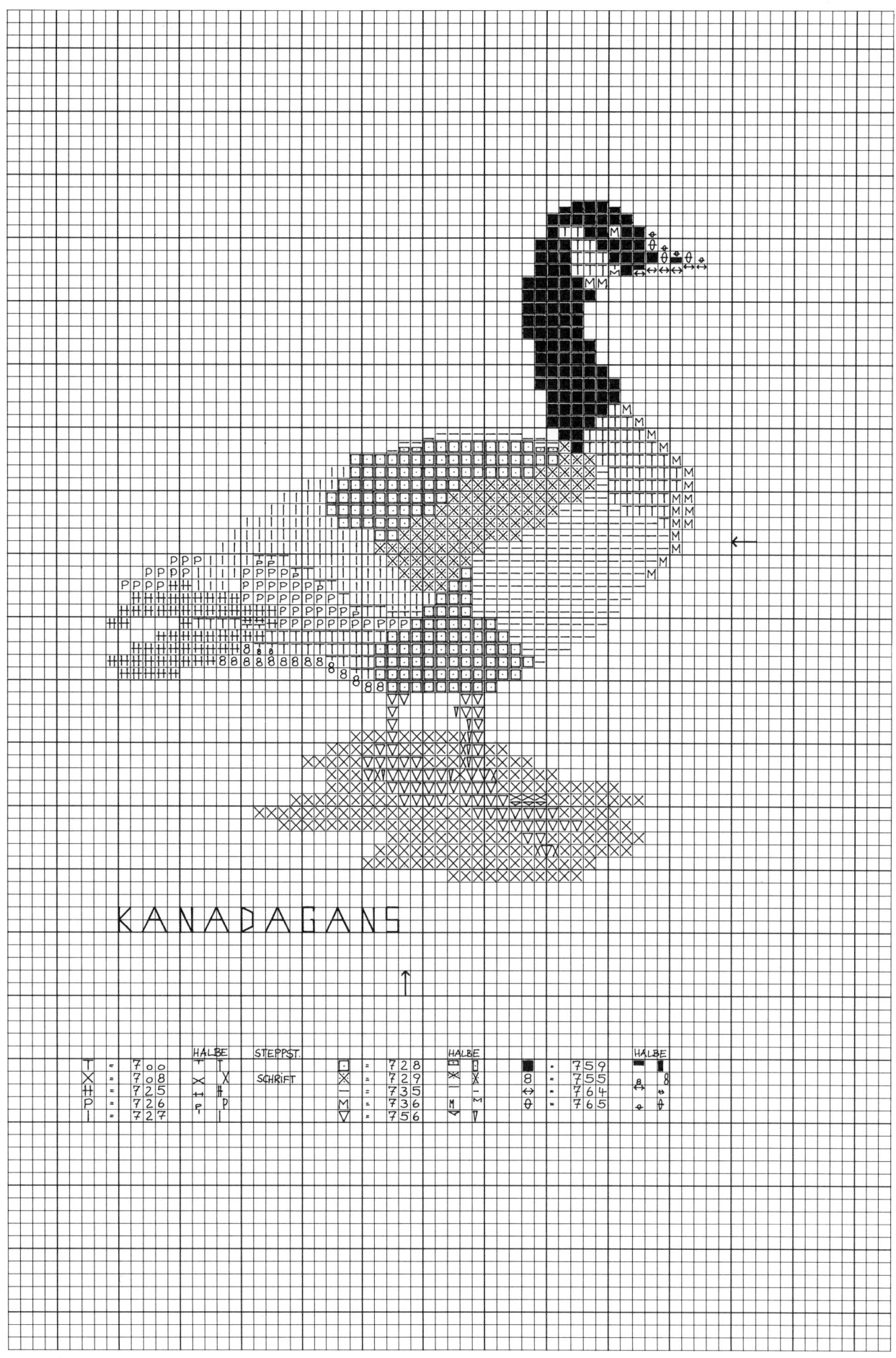

KANADAGANS

| T | = | 700 | | HALBE |  |  | STEPPST. |  |  |  | HALBE |  |  |  |  | HALBE |  |  |
|---|---|-----|---|-------|---|---|----------|---|---|-----|-------|---|---|---|---|-------|---|---|
| T | = | 700 | T | | T | | | ⊡ | = | 728 | ⊡ | | | ■ | = | 759 | ■ | | |
| X | = | 708 | X | | X | SCHRIFT | X | = | 729 | X | | X | 8 | = | 755 | 8 | | 8 |
| H | = | 725 | H | | H | | — | = | 735 | — | | — | ↔ | = | 764 | ↔ | | ↔ |
| P | = | 726 | P | | P | | M | = | 736 | M | | M | θ | = | 765 | θ | | θ |
| I | = | 727 | I | | I | | ▽ | = | 756 | ▽ | | ▽ | | | | | | |

**Kanadagans**

Weißwangengans

Auf Satinkissen genäht: **Bläßgans** (links, Zählvorlage Seite 59) und **Saatgans** (rechts, Zählvorlage Seite 60).

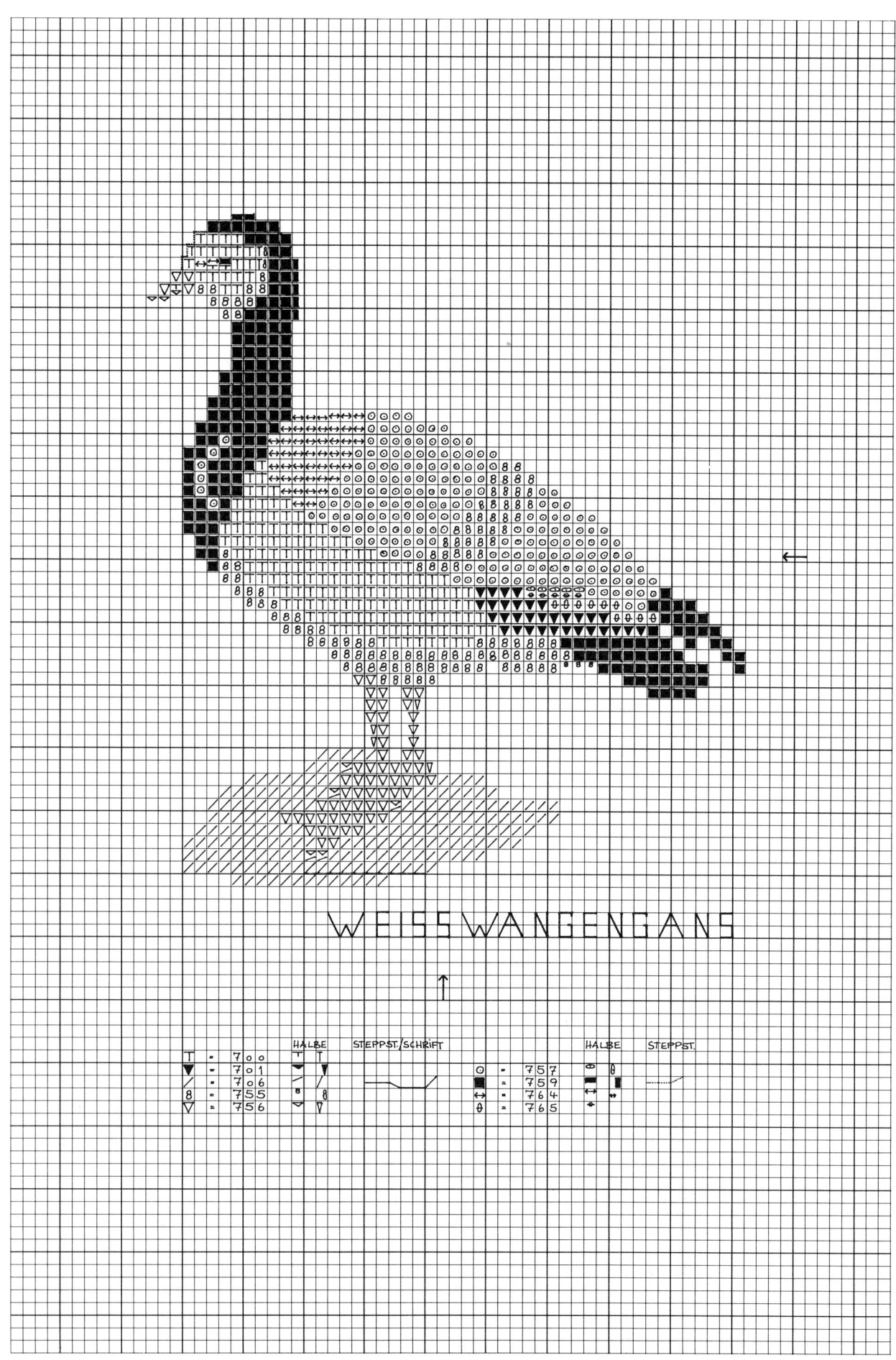

Zählvorlage zu Abb. Weißwangengans

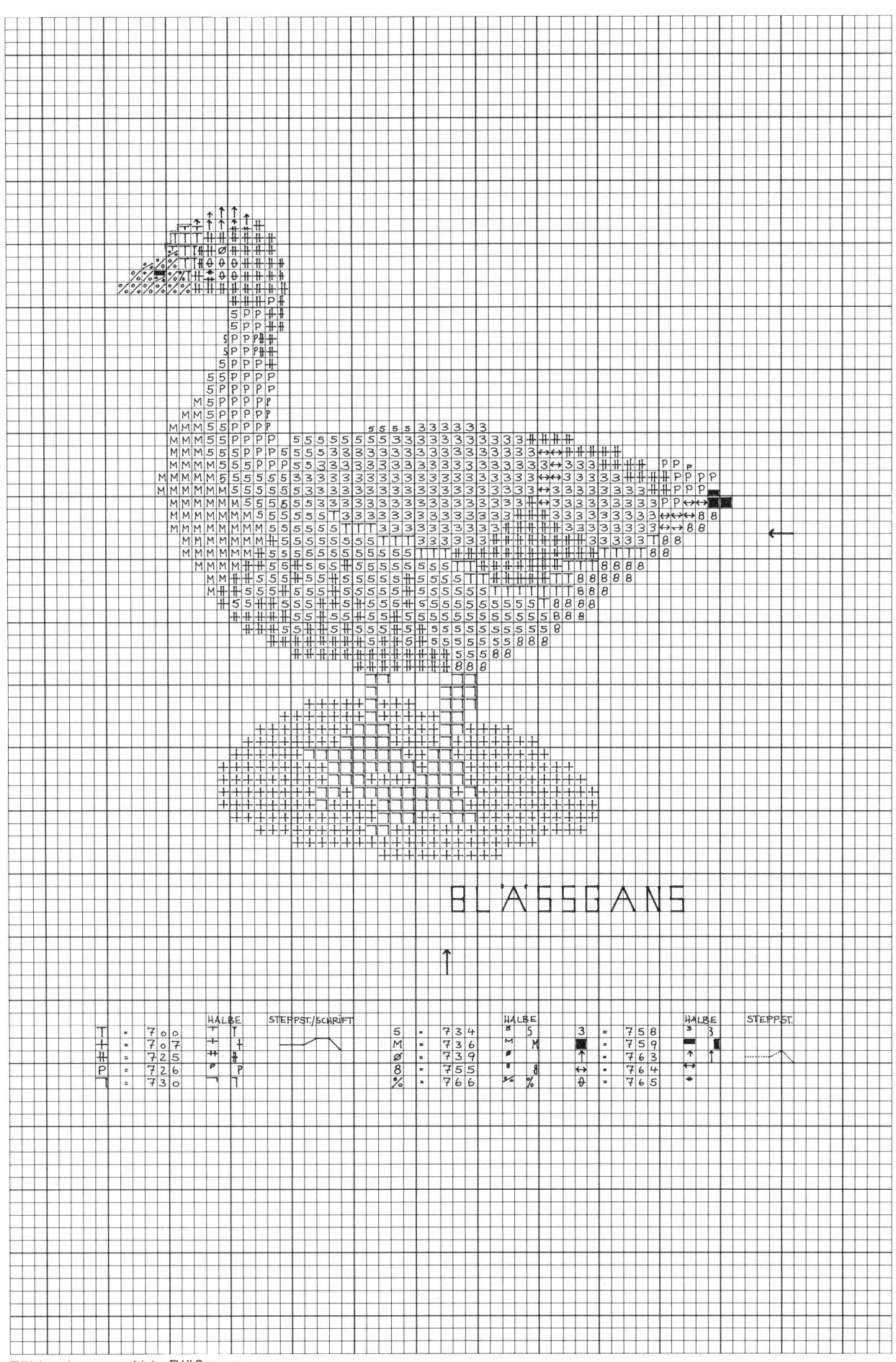

Zählvorlage zu Abb. Bläßgans

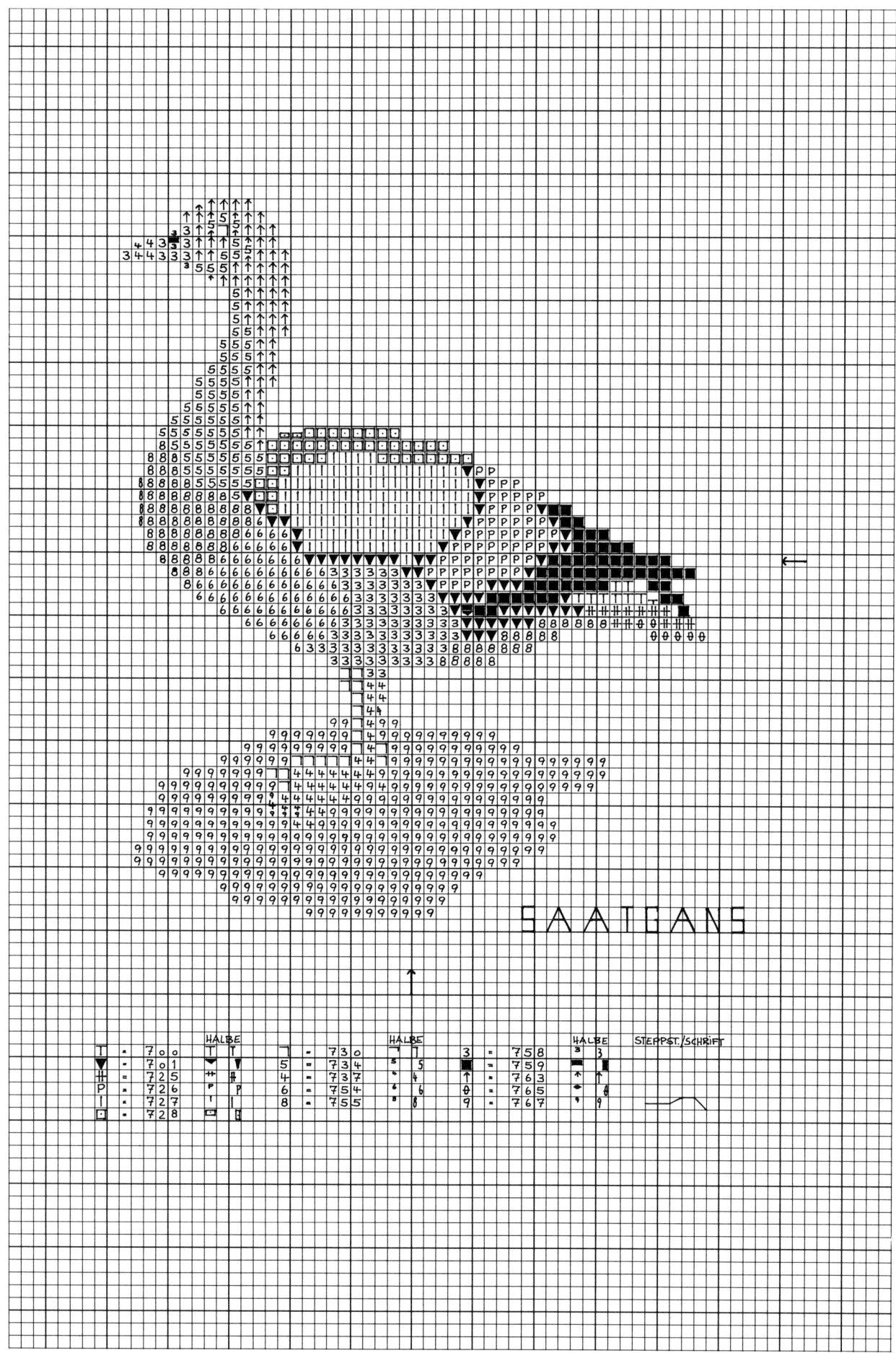

SAATGANS

| | | | | | HALBE | | | | | HALBE | | | | | HALBE | | STEPPST./SCHRIFT |
|---|---|---|---|---|---|---|---|---|---|---|---|---|---|---|---|---|---|
| T | • | 7 0 0 | T | T | | | 7 3 0 | | | | 3 | = | 7 5 8 | 3 | 3 | | |
| ▼ | = | 7 0 1 | ▼ | ▼ | 5 | = | 7 3 4 | 5 | 5 | | ■ | = | 7 5 9 | ■ | | | |
| ╫ | = | 7 2 5 | ╫ | ╫ | 4 | = | 7 3 7 | 4 | 4 | | ↑ | = | 7 6 3 | ↑ | ↑ | | |
| P | • | 7 2 6 | P | P | 6 | = | 7 5 4 | 6 | 6 | | Ѳ | = | 7 6 5 | • | Ѳ | | |
| I | • | 7 2 7 | I | I | 8 | = | 7 5 5 | 8 | 8 | | 9 | = | 7 6 7 | 9 | 9 | | |
| ⊡ | • | 7 2 8 | ⊡ | ⊡ | | | | | | | | | | | | | |

Zählvorlage zu Abb. Saatgans

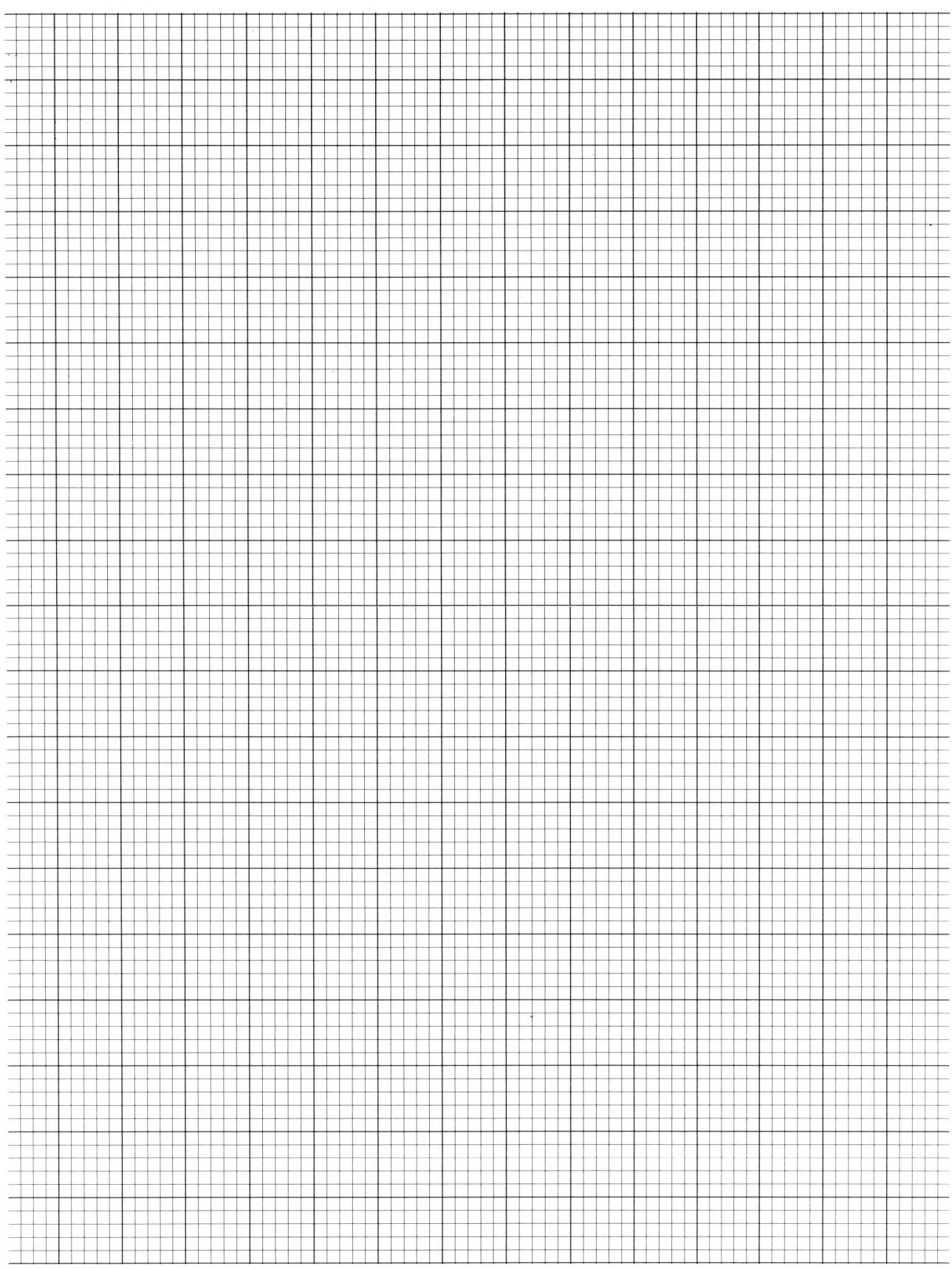

Wenn Sie selbst Stickmuster entwerfen wollen, so schneiden Sie sich eine Schablone aus und befestigen sie auf dieser Seite. Dann zeichnen Sie die Umrisse nach und entfernen die Schablone wieder. Jetzt können Sie mit bunten Stiften die Kästchen so gestalten, wie Sie die Vorlage sticken möchten.

# Anhang

**Aufstellung der HD-Garne**

700 Natur
701 Weiß
702 Dunkelgrün
703 Hellgrün
704 Leuchtendgrün
705 Blaugrün
706 Graugrün, hell
707 Helloliv
708 Mittelgrün
709 Maigrün
710 Weihnachtsrot
711 Weihnachtsrot, hell
712 Orangerot, dunkel
713 Orangerot, hell
714 Orangerot, mittel
715 Lilarot, hell
716 Lilarot, mittel
717 Lilarot, dunkel
718 Rosa
719 Flieder, dunkel
720 Lila
721 Blaulila, hell
722 Blaulila, dunkel
723 Flieder, hell
724 Pink
725 Schwarzbraun
726 Dunkelbraun
727 Mittelbraun
728 Hellbraun
729 Rotbraun
730 Braunorange
731 Dunkelorange
732 Orange, mittel
733 Mandarine
734 Grünbeige
735 Beige
736 Hellbeige
737 Hellorange
738 Goldgelb
739 Mattgelb
740 Hellgelb
741 Blaßgelb
742 Gelbgrün
743 Helltürkis
744 Dunkelblau
745 Königsblau
746 Türkisblau
747 Königsblau, hell
748 Türkisblau, hell
749 Dunkeltürkis

750 Graublau, hell
751 Mattblau, dunkel
752 Mattblau, mittel
753 Mattblau, hell
754 Graubeige
755 Graubeige, hell
756 Blaugrau
757 Mittelgrau
758 Grüngrau
759 Schwarz
760 Graugrün, mittel
761 Weinrot
762 Graugrün, zart
763 Dunkeloliv
764 Mittelgrau, dunkel
765 Hellgrau
766 Lachs
767 Waldgrün
768 Himmelbau, hell

# Eine Welt im Kreuzstich:

# Anregungen und Motive aus der Ravensburger® Stickbibliothek

Kurt A. Bernecker
**Bänder und Borten**
Bezaubernde Kreuzstichmotive für
Tischbänder und Borten zur
Verschönerung von Tischwäsche und
anderen Textilien.
ISBN 3-473-**42485**-4

Eleonore Gross-Ekowski
**Frühlingsblumen**
Wunderschöne Motive bekannter und
seltener Frühlingsblumen können nach
genauen Stickanleitungen nachgearbeitet
werden.
ISBN 3-473-**42483**-8

Eleonore Gross-Ekowski
**Blütenträume in Kreuzstich**
Farbenfrohe Sommerblumen in
Kreuzstich zur Verschönerung von großen
und kleinen Heimtextilien.
ISBN 3-473-**42484**-6

Jutta Lammèr
**Sticken für Weihnachten**
Das Buch enthält neue zauberhafte
Weihnachtsstickereien der bekannten
Autorin Jutta Lammèr
ISBN 3-473-**42486**-2

Jutta Lammèr
**Weihnachtsstickereien**
Bezaubernde Stickmotive in
Kreuzstichtechnik. Durchgehend farbige
Abbildungen mit Vorlagen.
ISBN 3-473-**42482**-X

Jutta Lammèr
**Schöne Grüße in Kreuzstich**
Für besondere Anlässe und Feste
innerhalb des Jahres werden
verschiedene Stickmotive angeboten.
ISBN 3-473-**45699**-3

Jutta Lammèr
**Gruß und Kuß in Kreuzstich**
Gestickte Kartengrüße für jeden Anlaß,
die eine ganz persönliche Note haben.
Dieser Band hat Anregungen mit den
entsprechenden Vorlagen parat.
ISBN 3-473-**45693**-4